Entspannt durch die Trotzphase

Entspannt durch die Trotzphase

Judy Barratt

Projektbetreuung Claire Cross
Redaktionsleitung Peggy Vance
Projektleitung Anna Davidson
Creative Director Jane Bull
Special Sales Projektbetreuung Alison Donovan
Bildredaktion Vanessa Hamilton
Herstellung Andy Hilliard, Jen Scothern

Für die deutsche Ausgabe:
Programmleitung Monika Schlitzer
Redaktionsleitung Caren Hummel
Projektbetreuung Manuela Stern
Herstellungsleitung Dorothee Whittaker
Herstellungskoordination Katharina Dürmeier
Herstellung und Umschlaggestaltung
Sophie Schiela

Titel der englischen Originalausgabe:
Toddler Tantrums

© Dorling Kindersley Limited, London, 2015
Ein Unternehmen der Penguin Random House Group
Alle Rechte vorbehalten

© der deutschsprachigen Ausgabe by Dorling Kindersley
Verlag GmbH, München, 2015
Alle deutschsprachigen Rechte vorbehalten

® ELTERN ist eine Marke der Gruner + Jahr AG & Co KG
Alle Rechte vorbehalten

Jegliche – auch auszugsweise – Verwertung, Wiedergabe, Vervielfältigung oder Speicherung, ob elektronisch, mechanisch, durch Fotokopie oder Aufzeichnung, bedarf der vorherigen schriftlichen Genehmigung durch den Verlag.

Übersetzung Karin Hofmann
Lektorat Marianne Rudolph

ISBN 978-3-8310-2757-6

Printed and bound in China

Besuchen Sie uns im Internet
www.dorlingkindersley.de
www.eltern.de

Hinweis
Die Informationen und Ratschläge in diesem Buch sind von den Autoren und vom Verlag sorgfältig erwogen und geprüft, dennoch kann eine Garantie nicht übernommen werden. Eine Haftung der Autoren bzw. des Verlags und seiner Beauftragten für Personen-, Sach- und Vermögensschäden ist ausgeschlossen.

Inhalt

Einleitung 6

1 Alles verändert sich 8
2 So geht's jetzt weiter 22
3 Wachsen und gedeihen 36
4 Ihre einzigartige Familie 50
5 Mit Trotzanfällen umgehen 60
6 Typische Szenarien bewältigen ... 80

Register 94

Dank und Adressen 96

Einleitung

Betrachten Sie als Eltern Ihr perfektes, friedliches Neugeborenes, können Sie sich kaum vorstellen, dass dieses Kind eines Tages Trotzanfälle erleiden wird, bei denen nicht nur ihm, sondern auch Ihnen im wahrsten Sinne des Wortes Hören und Sehen vergeht. Diese Anfälle sind aber ein unerlässlicher Teil seiner Entwicklung auf dem Weg zu einem emotional stabilen Erwachsenen.

Wenn Trotzanfälle so eine wichtige Phase im Leben des Kindes darstellen, warum versuchen wir dann automatisch, sie zu verhindern? Tatsächlich hilft es sehr, Trotzanfälle nicht als zu unterdrückendes Ärgernis anzusehen, sondern als Gelegenheit für Ihr Kind, *von Ihnen* zu lernen, wie Sie mit seinen starken Gefühlen umgehen. Etwa so, wie Sie bei einem Museumsbesuch die Gelegenheit nutzen, Ihrem Kind etwas über Dinosaurier beizubringen.

Wie Psychologen herausfanden, haben vernünftige, emotional stabile und sozial eingebundene Erwachsene als Kinder gute emotionale Vorbilder gehabt. Die wichtigsten Vorbilder für Ihr Kind sind Sie, Ihr Partner und jede andere Person, die regelmäßig mit ihm Kontakt hat. Durch Ihr Handeln, Ihre Reaktionen, Ihre tägliche Fürsorge und die emotionale Umgebung, die Sie ihm bieten, zeigen Sie ihm, wie man die Kontrolle über sich selbst behält. Dabei spielt aber auch der Entwicklungsstand des kindlichen Gehirns eine entscheidende Rolle. Je früher das Gehirn Verbindungen zwischen den (primitiveren) emotionalen und den (höher entwickelten) rationalen Bereichen knüpft, desto schneller wird die Trotzphase vorüber sein.

In diesem Buch geht es darum, was die emotionale Entwicklung Ihres Kindes beeinflusst und wie sich dies auf Häufigkeit, Dauer und die Art seiner Anfälle auswirkt.

Einleitung

Im ersten Kapitel betrachten wir, wie sich Körper und vor allem Gehirn Ihres Kindes in den ersten fünf Jahren entwickeln. Dabei können geistige und köperliche Meilensteine, aber auch ganz alltägliche Situationen bei Ihrem Kind überwältigende Gefühle auslösen, die es noch nicht versteht.

Das zweite Kapitel befasst sich mit den guten und weniger guten Aspekten der Kleinkinderzeit sowie den verschiedenen Arten von Trotzanfällen.

Mit viel Liebe und Zuwendung geleiten Sie Ihr Kind am schnellsten durch die Trotzphase.

Kapitel drei geht den Dingen auf den Grund: Es zeigt auf, wie stark Ihr eigenes Verhalten und die Umgebung, die Sie für Ihr Kind schaffen, seine Fähigkeiten beeinflussen, mit seinen Emotionen umzugehen.

Im vierten Kapitel geht es um die Einzigartigkeit von Familien. Sie erfahren, wie Sie Ihre ganz spezielle Familiendynamik in Einklang bringen, ohne dass sich ein Familienmitglied abgewertet oder ausgeschlossen fühlt.

Die Kapitel fünf und sechs liefern Ihnen klare und praktische Anleitungen, wie Sie Ihr Kind – unabhängig von der Art des Anfalls und der Umgebung, in der er stattfindet – wieder zur Ruhe bringen.

Betrachten Sie dieses Buch als eine Art Baukasten, um Strategien zu entwickeln, die genau auf *Ihre* familiäre Situation passen. Außer Liebe und Zuwendung gibt es keine spezielle Zauberformel, die einen leichten Weg durch die Trotzphase garantiert. Dennoch sollten Sie wissen, was im Gehirn Ihres Kindes vorgeht, denn Sie selbst haben dabei eine wichtige Vorbildfunktion. So schaffen Sie Ihrem Kind eine Umgebung, in der es die Fähigkeiten entwickeln kann, mit denen es schnell durchs Trotzalter kommt und zu einem emotional stabilen Erwachsenen wird, der seine Gefühle auf gesunde Weise ausdrücken und steuern kann.

Alles verändert sich

In den ersten fünf Lebensjahren entwickelt sich Ihr Kind in rasantem Tempo. Vom hilflosen Baby wächst es zum Vorschulkind heran, das sich auch ohne Ihre Hilfe in seiner Umgebung zurechtfindet. Während dieses Zeitraums wird die Persönlichkeit Ihres Kindes erkennbar, die es teilweise von Ihnen geerbt hat. Und es wird Verhaltensmuster an den Tag legen, die direkt aus dem Austausch mit seinem Umfeld erwachsen. In diesem Kapitel lernen Sie die Entwicklungsphasen Ihres Kindes von der Geburt bis kurz vor der Einschulung kennen und erfahren, wie diese wichtige Zeit dauerhaft sein Verhalten und seine Fähigkeit zum Umgang mit Herausforderungen prägen kann.

Die Zeit vor dem Kleinkindalter

Ab dem Moment, in dem Sie und Ihr Baby sich in die Augen sahen, begann eine Kommunikation, die die Persönlichkeit ebenso wie emotionale Reaktionen und das Selbstvertrauen Ihres Kindes beeinflusst. Die Art und Weise, wie seine Erbanlagen und persönlichen Möglichkeiten in den ersten Monaten gefördert werden, wirkt sich auf seine Fähigkeiten im Umgang mit Gefühlen aus.

Die Gefühlswelt Ihres Babys

Auch wenn Ihr Baby in den ersten Lebenswochen nur wenig Kontrolle über seine Muskeln hat, kann es schon im Alter von wenigen Wochen Ihre Gefühle deuten und diese vielleicht sogar durch seinen eigenen Gesichtsausdruck widerspiegeln. Es erkennt erstaunlich genau, ob Sie ängstlich oder traurig sind, Liebe oder Freude verspüren. Und es merkt auch, wenn Sie aus Ekel das Gesicht verziehen.

Bedeutungen erfassen

Etwa ab dem ersten Geburtstag versteht das Baby einfache Anweisungen, darunter das Wort »nein«. Es kann gut sein, dass es bereits in aller Unschuld seine Grenzen austestet, indem es Ihre Anordnungen ignoriert!

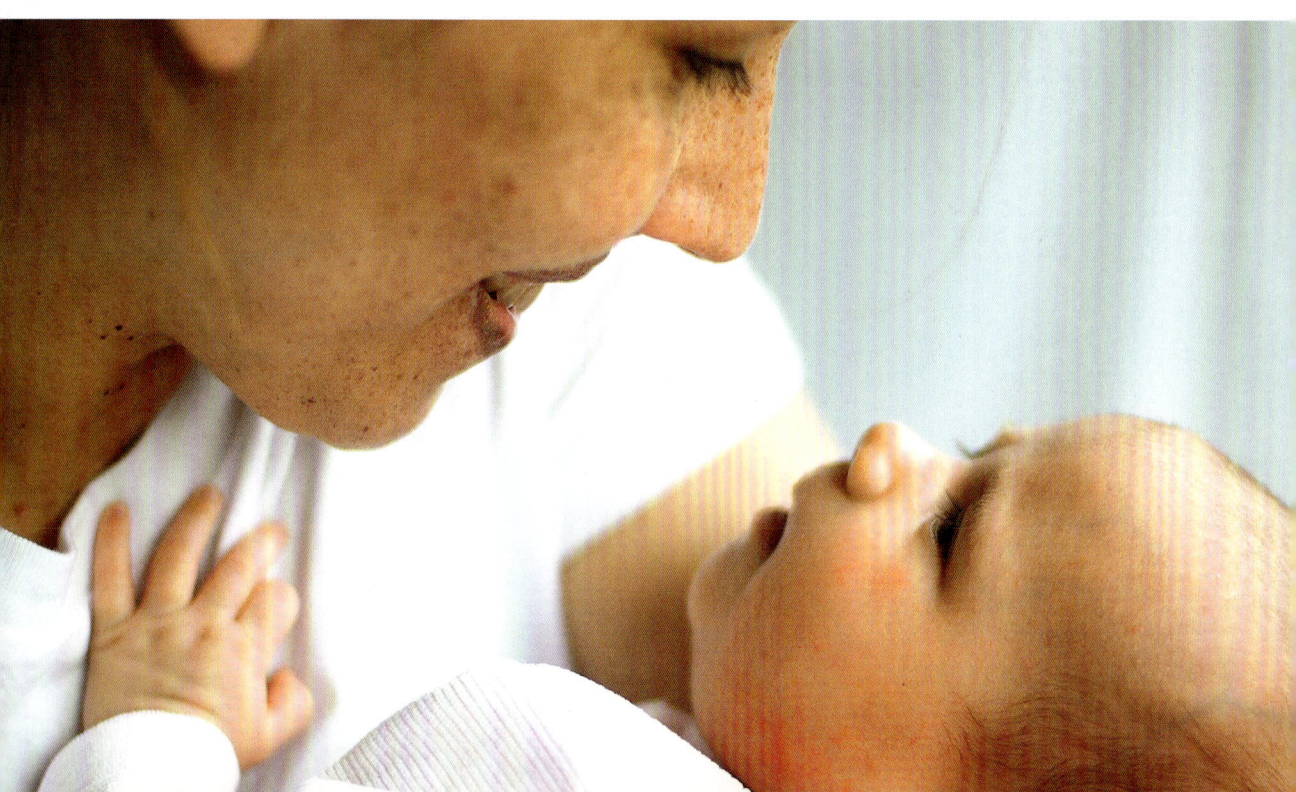

Die Zeit vor dem Kleinkindalter

Die rasante Entwicklung der Gefühlswelt Ihres Babys wird in den ersten Lebensmonaten von zwei Grundbedürfnissen vorangetrieben: dem Wunsch nach Liebe und dem Bedürfnis zu überleben (wobei Ersteres in gewisser Weise Bestandteil von Letzterem ist). Eines der ersten Gefühle, das Ihr Kleines – wenngleich auch nur instinktiv – ausdrückt, ist Zufriedenheit. Ab etwa sechs Wochen wird es zurücklächeln, wenn Sie es anlächeln. Sie reagieren darauf mit noch mehr Lächeln und werden von Glückshormonen durchströmt, die bewirken, dass Sie Ihr Kind lieben und beschützen möchten (ganz schön clever!).

Mit etwa drei Monaten drückt das Baby seine Freude durch Kichern aus, mit vier Monaten zeigt es Frustration oder Wut, meistens als Reaktion auf Hunger oder wenn es etwas, das es haben möchte, nicht bekommt. Mit neun Monaten ist es bereits in der Lage, Angst, Traurigkeit, Verlust und Unsicherheit zu empfinden: Es verzieht das Gesicht, wenn es sich unsicher fühlt, und schreit, wenn Sie aus dem Zimmer gehen.

Ihre Reaktionen

All diese Emotionen entstehen in den Basisbereichen des Gehirns, die auch bei unseren tierischen Vorfahren zu finden sind. Der zu höherem Denken fähige »menschliche« Teil des Gehirns ist bei der Geburt noch relativ unterentwickelt (siehe Kasten rechts oben). Während der ersten Lebensmonate ist daher Ihre Reaktion auf das Weinen und Lächeln Ihres Babys enorm wichtig für seine spätere Fähigkeit, Gefühle auszudrücken und mit ihnen umzugehen. Das wissen wir nicht nur aus Verhaltensstudien – auch Gehirnscans zeigen, dass im ersten Lebensjahr äußerst wichtige Vernetzungen stattfinden. So können Babys, deren Eltern im ersten Lebensjahr nicht auf ihr Weinen eingehen, emotional so blockiert werden, dass es ihnen später schwerfällt, Beziehungen einzugehen. Babys, die dagegen in einer ruhigen, freundlichen Umgebung aufwachsen und bei denen die Eltern auf das Schreien mit Trost und Beruhigung reagieren, bilden im Gehirn Verbindungen aus, durch die sie später besser mit Stress umgehen können und die ihnen helfen, liebevolle, langfristige Beziehungen zu führen.

Das Gehirn des Babys

Trotzanfälle sind besser zu verstehen, wenn Sie wissen, wo die Gefühle Ihres Kindes entstehen und wie sie sich entwickeln.

Das Gehirn besteht aus drei großen Bereichen: dem Stammhirn, das die primitiven Überlebensfunktionen wie Essen, Trinken und Schlafen steuert, dem Kleinhirn, in dem starke Gefühle wie Leidenschaft, Angst oder Wut angesiedelt sind, und dem Großhirn, das uns zu logischem, vernunftbetontem Denken und zur Empathie befähigt. Bei der Geburt ist das Großhirn relativ unentwickelt. Das Baby wird von Instinkten geleitet, die im Klein- und Stammhirn entstehen. Erst mit etwa vier Jahren ist das neuronale Netzwerk so gut ausgebildet, dass das Kind seine Emotionen kontrollieren kann. Während sich dieses Netzwerk bildet, sind Ihre Reaktionen entscheidend für die emotionale Entwicklung Ihres Kindes.

Hallo Kleinkind!

Nach dem ersten Geburtstag Ihres Kindes beginnt ein neuer Abschnitt im Familienleben, in dem aus Ihrem Baby eine unabhängige kleine Person wird, die selbstständig läuft und spricht. Willkommen im Kleinkindalter.

Die Gefühle Ihres Kleinkindes

Zwischen dem ersten und dem dritten Lebensjahr knüpft das Gehirn weitere Verbindungen, die Ihrem Kind helfen, die Welt zu verstehen. In dieser Phase sorgen die primitiven Überlebenssysteme und Reaktionen (siehe Seite 11) für dramatische Emotionen und machen Ihr Kleines misstrauisch und impulsiv zugleich. Im Moment verfügt es noch nicht über die Mechanismen des Großhirns, mit denen es seine Gefühle beherrschen kann. Was die Emotionen angeht, lebt Ihr Kind nach wie vor nur für den Moment. Sie können das gut beobachten, wenn es friedlich spielt und von einer Sekunde auf die andere in Tränen aufgelöst ist oder wild um sich schlägt, weil irgendetwas nicht so läuft, wie es soll. Seine Stimmung schlägt oft blitzschnell und für Erwachsene scheinbar völlig grundlos um.

> *Emotionale Reaktionen, egal ob Freude oder Wut, laufen blitzschnell und unkontrolliert ab.*

Ihre Reaktionen

Auch wenn Sie finden, dass Ihr Kleines deutlich überreagiert, weil es weinend zusammenbricht, wenn ein Spielstein nicht in die gewählte Öffnung passt, und seine Stimmungsschwankungen oft schwer zu ertragen sind: Für Ihr Kind sind seine Probleme real. Damit es Vertrauen zu Ihnen entwickeln kann, muss es wissen, dass Sie

Kommunikation

Vom ersten bis zum dritten Lebensjahr wächst der Wortschatz Ihres Kindes von wenigen Wörtern wie »Mama«, »Dada«, »mein« und »nein« (mit etwa 18 Monaten) auf rund 100 Wörter (mit etwa zwei Jahren) und schließlich auf ein ganzes Repertoire an, zu dem auch schon ein paar kurze Sätze gehören. Aber selbst mit drei Jahren ist das Hörverständnis nach wie vor besser entwickelt als die Fähigkeit, sich mitzuteilen. Das heißt, Ihr Kleinkind hat zwar jede Menge Wünsche, kann sie aber nicht äußern – zumindest nicht so, dass Sie es verstehen. Hören Sie also geduldig zu, wenn es versucht, etwas zu sagen. Reagieren Sie auf seine Freude ebenfalls mit Freude und auf seine Enttäuschung mit Mitgefühl. Schenken Sie ihm vor allem sooft es geht Ihre Aufmerksamkeit.

Hallo Kleinkind!

Glücksgefühle
Durch Körperkontakt und positiven Austausch mit Ihnen steigt die Menge der Wohlfühlhormone, die Ihr Kind beruhigen und trösten. Dasselbe passiert auch in Ihrem Körper.

mit Stress umzugehen und mit anderen zu kommunizieren. Natürlich wäre es unrealistisch zu glauben, dass wir unsere Kinder großziehen können, ohne selbst jemals Wut oder Frustration zu zeigen. Trotzdem sollten Sie sich bewusst machen, was Ihr Kind aufnimmt, wenn es in Ihrer Nähe ist. Wie ist Ihr Auftreten, wie Ihre Stimme? Lächeln Sie oder runzeln Sie die Stirn? seine Gefühle ernst nehmen und ihm beistehen, wenn es Hilfe braucht.

Wissenschaftler fanden heraus, dass Kinder, deren Gefühlsausbrüche von den Eltern nicht ernst genommen werden, lange Zeit (manchmal bis ins Erwachsenenalter) Schwierigkeiten im Umgang mit Stress und starken Emotionen haben können. Tun Sie daher die Gefühlsäußerungen Ihres Kindes nicht ab mit Sätzen wie »Sei nicht albern, das ist doch kein Grund zum Weinen«. Zeigen Sie ihm, dass Sie es ernst nehmen, indem Sie zum Beispiel sagen: »Es ist wirklich blöd, wenn die Steine nicht zusammenpassen. Lass es uns noch einmal versuchen.« Oder: »Wollen wir lieber zusammen ein Puzzle machen?«

Vorbildfunktion

In den ersten Lebensjahren beobachtet Ihr Kind Sie und ahmt Sie mit erstaunlicher Detailgenauigkeit nach. Schauen Sie genau hin und Sie werden feststellen, dass es versucht, sich genauso wie Sie mit der Welt auszutauschen,

Ihr Kind wächst heran

Viele Eltern beklagen, wie »einfach« das Leben war, bevor ihr Kind anfing zu krabbeln, zu laufen und zu klettern. Die Entwicklung der körperlichen Fähigkeiten birgt neue Herausforderungen, denen sich nicht nur die Kinder, sondern auch die Eltern stellen müssen.

Natürliche Reaktion

Mit zwei oder drei Jahren erkennt Ihr Kind, dass es sich selbst behaupten muss, um in der Welt zu bestehen. Wenn es also in nächster Zeit zu allem »Nein« sagt, ist dies ein wichtiger Schritt auf seinem Weg zur Selbstständigkeit.

Mobil werden

Mit etwa 15 Monaten (manchmal früher, manchmal später) können die meisten Babys laufen. Viele schaffen es, aus dem Sitzen aufzustehen, wobei sie meistens die Hände auf den Boden stemmen, statt sich an Möbeln hochzuziehen. Zwischen 18 und 24 Monaten entdeckt Ihr Kind, wie man eine Treppe hochklettert. Und mit zwei Jahren wird es diese Treppe wahrscheinlich auch hinabsteigen können – dabei hält es sich irgendwo fest, sei es an der Wand, am Geländer oder einer anderen Person, und stellt erst beide Füße auf eine Stufe, ehe es die nächste in Angriff nimmt.

Im Alter von etwa zwei Jahren wird es außerdem lernen, wie man von einem niedrigen Objekt hinabspringt, zum Beispiel von der untersten Treppenstufe auf den Boden. Aber erst mit ungefähr drei Jahren kann es mit beiden Beinen gleichzeitig in die Luft springen.

Temperament entwickeln

All diese körperlichen Meilensteine scheinen getrennt von der emotionalen und sozialen Entwicklung abzulaufen, in Wirklichkeit sind sie jedoch eng miteinander verbunden. Die Feedback-Mechanismen im Gehirn sorgen dafür, dass körperliche Erfolge auch zur seelischen und sozialen Entwicklung Ihres Kindes beitragen.

Die wachsende Mobilität ist das sicherste Anzeichen, dass Ihr Kind selbstständig wird. Einerseits erhält es dadurch die Möglichkeit, frei nach eigenem Willen zu handeln, andererseits wird ihm immer bewusster, dass Sie und es nicht ein und dieselbe Person sind.

Wie Sie mit der neu gewonnenen Unabhängigkeit Ihres Kindes umgehen, kann sich auf sein Selbstvertrauen und seine Ängstlichkeit auswirken. Entfernen Sie alles Zerbrechliche oder Gefährliche aus seiner Reichweite, sodass Sie möglichst selten »Nein« sagen müssen. Tun Sie das nicht, wird es ständig Ihre Angst spüren, dass es etwas kaputt machen oder sich verletzen könnte, und dann selbst ängstlich auf seine Umwelt reagieren.

> *Mit seiner Mobilität und Neugier braucht Ihr Kind Freiraum für Entdeckungen.*

Studien zeigen, dass Kinder Selbstvertrauen entwickeln, wenn man sie ihre Umgebung erkunden lässt. Natürlich sollten Sie stets ein wachsames Auge auf Ihr Kind haben, doch in einem kindersicheren Zuhause sollte es sich frei bewegen dürfen. Bringen Sie ein Gitter an der Treppe an, sichern Sie Schubladen und Steckdosen mit entsprechenden Vorrichtungen und räumen Sie alles weg, was nicht für kleine Hände geeignet ist. Minimieren Sie die Risiken und geben Sie Ihrem Kind den Freiraum, den es braucht, um seine Welt zu entdecken.

Trennungsangst

Mit sieben bis neun Monaten erkennt Ihr Kind zum ersten Mal, dass Sie und es zwei verschiedene Personen sind. Wahrscheinlich wird es ab diesem Zeitpunkt fremden Personen gegenüber misstrauischer werden und anfangen zu weinen, wenn Sie aus dem Zimmer gehen.

Die Trennungsangst steigt und fällt mit den verschiedenen Entwicklungsphasen. Vermutlich werden Sie feststellen, dass sie in der Mitte des zweiten Lebensjahres wieder stärker wird.

Wenn Ihr Kind in dieser Phase wieder etwas ängstlicher wird, sollten Sie das akzeptieren. Nehmen Sie es mit, wenn es Sie zur Toilette oder in den Keller begleiten will. Durch Versteckspiele können Sie ihm ganz ohne Stress beibringen, dass Sie noch da sind, auch wenn es Sie nicht sehen kann: Rufen Sie nach ihm, während es Sie sucht (damit es weiß, dass Sie da sind), und begrüßen Sie es mit großem Hallo, wenn es Sie gefunden hat.

Etwa um den dritten Geburtstag – nachdem Sie sein Vertrauen darin bestärkt haben, dass es von Ihnen getrennt existieren kann – wird Ihr Kind lernen, dass es eine Zeit lang ganz gut auch ohne Sie klarkommt: So verschwindet seine Trennungsangst von selbst.

Ihr Kleinkind wird selbstständig

Im Alter zwischen drei und fünf Jahren verliert sich der gelegentliche Frust der frühen Kleinkindzeit, als Verständnis und Fähigkeiten noch viel begrenzter waren. Ihr Kind beginnt vernünftig zu handeln und zu reagieren, ohne jedes Mal von seinen Gefühlen aus der Bahn geworfen zu werden. Nun zeichnet sich allmählich seine Persönlichkeit ab – und sein eigener Wille.

Die Gefühle Ihres Kindes

Mit etwa vier Jahren reifen die Bereiche des Gehirns, die die Emotionen steuern (siehe Seite 11). Damit beginnt Ihr Kind, das Auf und Ab der Gefühle bewusst wahrzunehmen. Es unternimmt sogar allererste Versuche, sie zu kontrollieren, doch Sie sollten keinesfalls zu viel erwarten.

Dieser Schritt in seiner emotionalen Entwicklung ermöglicht Ihrem Kind, das Konzept des Teilens zu verstehen, mit anderen Kindern zusammen zu spielen (nicht mehr nur neben ihnen) und Empathie zu zeigen. Das heißt, es kann die Gefühle seiner Mitmenschen erkennen und will sich vielleicht sogar um diese kümmern, wenn sie gestresst oder traurig sind. Kinder sind nun auch in der Lage, Freundschaften in dem Sinne zu schließen, den wir Erwachsene darunter verstehen.

Trotzdem ist nicht alles eitel Sonnenschein. In den Jahren vor der Einschulung bringt das Selbstvertrauen, das Ihr Kind gewonnen hat, auch immer wieder Unfrieden mit sich. Nach wie vor schwankt seine Stimmung und es möchte – vor allem zu Hause – möglichst oft seinen eigenen Kopf durchsetzen. Es hat zwar inzwischen ein paar ganz erstaunliche Verhandlungsstrategien entwickelt, aber in erster Linie ist es äußerst rechthaberisch. Es will Ihnen zeigen, dass es viele Dinge schon allein tun kann. Machen Sie sich darauf gefasst, dass Ihr Kind

Ein wenig Autonomie

Wenn es immer wieder dieselben Streitpunkte gibt, wie Schlafenszeit oder Sich-Anziehen, überlegen Sie, wo Ihr Kind mehr selbst bestimmen darf (etwa bei der Auswahl des T-Shirts) und wo Grenzen nötig sind (zum Beispiel beim Schlafengehen).

dabei deutlich mehr Eigensinn zeigt und Ihre Anweisungen missachten oder genau das Gegenteil davon tun wird.

Grenzen setzen

Zu viele Regeln machen die Welt für Ihr Kleinkind sehr anstrengend, doch dassselbe gilt auch für zu wenig Regeln. Kleine Kinder brauchen klare Grenzen. Sobald sie anfangen, die Werte Richtig und Falsch zu verstehen, sind diese sogar nötiger denn je. Grenzen bewirken nicht nur, dass sich Ihr Kind sich Ihrer immerwährenden Liebe sicher fühlt, sondern sie zeigen ihm auch, dass das Leben nicht immer so läuft, wie wir es gern hätten, egal wie sehr wir dagegen protestieren. Aktuellen Studien zufolge neigen Kinder, die zu oft ihren Kopf durchsetzen dürfen, später

> ### *Aktiv und aufmerksam*
>
> **Die »Dämonen«** Ihres Kindes lassen sich am leichtesten im Zaum halten, wenn Sie es beschäftigen.
>
> **Überlegen Sie sich, womit** Sie seine Aufmerksamkeit gewinnen können. Liebt es Bücher oder Bauklötze, mag es gern malen, Fußball spielen, hüpfen oder klettern? Bieten Sie ihm Beschäftigungen an, die seiner sich entwickelnden Persönlichkeit entsprechen. So minimieren Sie eventuelle Konflikte. Das bedeutet nicht, dass Ihr Kind nur noch machen soll, was es will. Aber wenn sich eine Wahlmöglichkeit bietet, können Sie sein und Ihr Leben schöner machen, indem Sie Aktivitäten wählen, die sein Interesse wecken und ihm das Gefühl geben, dass seine Wünsche und Bedürfnisse ernst genommen werden.

Mit dem Selbstvertrauen und der Kommunikation wächst auch der Eigensinn.

mit hoher Wahrscheinlichkeit dazu, andere Kinder zu tyrannisieren. Außerdem dauert ihre Trotzphase auch wesentlich länger. Tipps und Hinweise, wie Sie Ihrem Kind Regeln vermitteln und Grenzen setzen, erhalten Sie auf Seite 40–43.

So entwickelt sich Ihr Kind: ein bis drei Jahre

12–18 Monate

Auf den Seiten 18–21 finden Sie einen Überblick über die Meilensteine in der Entwicklung Ihres Kindes von zwölf Monaten bis zu sechs Jahren. Bitte vergessen Sie aber nicht, dass jedes Kind einzigartig ist und sich nach seinem eigenen Tempo entwickelt. Ein Kind, das schnell sprechen lernt, braucht vielleicht länger, um das Werfen zu lernen, oder umgekehrt. Die Übersicht gibt Ihnen lediglich Anhaltspunkte, wo Ihr Kind in seiner allgemeinen Entwicklung steht. So verstehen Sie besser, welchen Herausforderungen es sich gerade stellen muss – das kann häufig wütend machen oder frustrieren oder der Grund für Trotzanfälle sein.

KÖRPERLICH
Zieht sich zum Stehen hoch und macht erste Gehversuche. Kann mit 18 Monaten eventuell schon rennen, Treppenstufen erklimmen (mit Festhalten) und einen Ball werfen.

SOZIAL
Spielt neben anderen Kindern, glaubt, dass alles ihm gehört (das Konzept des Teilens ist noch unbekannt). Merkt, dass es ein eigenständiges Wesen ist, ahmt andere nach.

EMOTIONAL
Ist schnell frustriert, benötigt ständigen Zuspruch und Hilfe, möchte nicht ohne Sie sein. Hängt stark an einem Ersatzobjekt, etwa einem Kuscheltier oder einer Decke.

LERNEN & DENKEN
Kann ein Spielzeug auseinandernehmen und versucht es wieder zusammenzusetzen, kann einen Stift halten und damit kritzeln, sortiert Formen richtig ein, findet versteckte Dinge.

KOMMUNIKATION
Kann fünf bis 20 Wörter sprechen, plappert jedoch viel mehr, kann zwei Wörter kombinieren (mit etwa 18 Monaten). Zeigt mit dem Finger auf das, was es haben will.

So entwickelt sich Ihr Kind: ein bis drei Jahre

18–24 Monate

Läuft relativ sicher, kann aus dem Sitzen aufstehen, indem es sich mit Händen und Armen hochstemmt. Klettert auf niedrige Möbelstücke, spielt bewusst mit einem Ball.

Balgt sich mit anderen Kindern um Spielzeug, will seinen Bezugspersonen gefallen, verlangt Aufmerksamkeit.

Hat Angst vor unbekannten Geräuschen. Wirft oder tritt Objekte aus Frustration oder Wut, zeigt Bezugspersonen seine Zuneigung.

Kann aus Bauklötzen einen kleinen Turm errichten. Erkennt etwa fünf Tiere und kann deren Laute nachahmen, imitiert Alltagstätigkeiten wie Telefonieren.

Hat ein Repertoire von bis zu 100 Wörtern, kennt seinen eigenen Namen. Versteht Anweisungen, aber befolgt sie nicht immer.

24–36 Monate

Weicht beim Rennen Hindernissen aus, steigt mit Hilfe eine Treppe hinab, hüpft mit beiden Füßen gleichzeitig (mit etwa drei Jahren). Klettert, steht kurz auf einem Bein, isst selbstständig.

Erkundet die Welt immer selbstständiger. Spielt friedlich mit Älteren oder Jüngeren, streitet aber häufiger mit gleichaltrigen Kindern.

Die Trennung von Bezugspersonen fällt immer leichter. Zeigt seinen eigenen Willen, testet Grenzen aus, lacht etwa 50-mal am Tag. Möchte bei einfachen Aufgaben helfen.

Beginnt Farben und Formen zu unterscheiden, malt einen Kreis und eine gerade Linie. Kennt einfache Reime auswendig, kann eine einfache Figur malen.

Kann zwei bis drei Wörter zu kurzen Sätzen kombinieren. Versteht einfache Anweisungen (»Zeig mir die Katze«), kann vier bis fünf Körperteile benennen.

So entwickelt sich Ihr Kind: drei bis sechs Jahre

3–4 Jahre

Im Kindergartenalter entwickelt Ihr Kind immer mehr Fähigkeiten. Auch seine Kommunikation verbessert sich, sodass es sich neuen Herausforderungen und Aufgaben stellen kann. Neben Geschicklichkeit und Sprachfertigkeit beginnt es ein Verständnis für kompliziertere Konzepte wie Teilen und Empathie zu zeigen. Damit ist es gut gerüstet für so wichtige Dinge wie das Schließen echter Freundschaften.

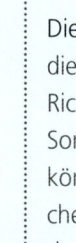

KÖRPERLICH — Zieht sich allein oder mit wenig Hilfe an. Fährt Dreirad, hüpft, klettert und drückt Türklinken, kann beim Rennen anhalten, beschleunigen und wenden. Schneidet mit der Schere an einer Linie entlang.

SOZIAL — Versteht Konsequenzen, entwickelt die Fähigkeit, sich abzuwechseln, zeigt eine lebhafte Fantasie.

EMOTIONAL — Lernt Emotionen zu kontrollieren, zeigt aber immer noch schnelle Stimmungswechsel. Drückt Wut zunehmend verbal und nicht mehr körperlich aus, sehnt sich nach positiver Bestärkung.

LERNEN & DENKEN — Blättert die Seiten eines Buches zielgerichtet um, sagt Kinderreime auf. Entwickelt Neugier, zählt bis fünf oder weiter, unterscheidet mehrere Farben, begreift Gegensätze.

KOMMUNIKATION — Drückt einfache Bedürfnisse und Wünsche aus (Hunger oder Durst); fragt »Warum?«, folgt Anweisungen, die aus zwei bis drei Teilen bestehen (»Finde den gelben Ball, hebe ihn auf und rolle ihn zu Mama.«).

Die Meilensteine sind in diesen ersten Jahren nur Richtwerte. Wenn Sie Sorge haben, Ihr Kind könnte diese nicht erreichen, sprechen Sie mit dem Kinderarzt darüber. Er kann beurteilen, ob irgendwo besondere Aufmerksamkeit nötig ist.

So entwickelt sich Ihr Kind: drei bis sechs Jahre

4–5 Jahre

Wirft einen Ball zielgenau und fängt ihn manchmal auch. Kann schaukeln, balanciert mehrere Sekunden lang auf einem Bein.

Spielt lieber mit anderen Kindern zusammen als alleine. Versteht das Konzept des Teilens und unterscheidet zwischen Richtig und Falsch.

Die Stimmung kann schnell wechseln. Zeigt zunehmend Empathie, erkennt Fehler und entschuldigt sich, wenn es etwas falsch gemacht hat.

Beginnt Buchstaben und Zahlen zu schreiben, malt ein Gesicht, Dreiecke, Kreise und Quadrate. Neigt zu Übertreibungen und lügt manchmal.

Spricht immer ausdauernder, hat einen Wortschatz aus rund 2000 Wörtern, die es korrekt verwenden kann.

5–6 Jahre

Besitzt grenzenlose Energie. Kann springen, balanciert und hüpft auf einem Bein, macht Purzelbaum, geht auf Zehenspitzen und balanciert sicher auf einem Balken oder Baumstamm.

Versteht das Konzept der Zusammenarbeit und rudimentär auch das der Zeit mit Vergangenheit und Zukunft. Akzeptiert die Ansichten anderer, teilt sie jedoch nicht immer.

Aggressive Episoden werden seltener, kindliche Ängste nehmen ab, Selbstvertrauen und Selbstwertgefühl wachsen. Zeigt Freude offen, zieht sich bei Kummer eher zurück, als zu weinen.

Zählt bis zehn oder weiter und erkennt die Zahlen, schreibt seinen Namen. Erzählt eine Geschichte mit Bildern, liebt Fantasie- und Rollenspiele, kann Probleme lösen.

Entwickelt immer bessere Überredungs- und Verhandlungstechniken. Verwendet den Plural, benutzt die richtigen Pronomen anstelle von Namen (ich, du, er, sie, es).

So geht's jetzt weiter

Gerade erst haben Sie sich daran gewöhnt, ein Baby zu haben, schon ist es ein Kleinkind, das die Welt entdecken will und alles darin infrage stellt. Das ist für Eltern einerseits eine schöne Zeit des Lernens, Lachens und der Freude an den Entwicklungsschritten ihres Kindes. Andererseits ist es die Phase, in der Ihr Kind seine Grenzen austesten wird. Dabei macht seine zunehmende Selbstständigkeit – so willkommen sie ist – es manchmal auch ängstlich, frustriert und unsicher. Dieses Kapitel beleuchtet beide Seiten des Kleinkindalters. Es zeigt, wie Trotzanfälle entstehen und dass das Verhalten Ihres Kindes, selbst wenn es manchmal unverständlich wirken mag, ein ganz normaler Teil seiner kindlichen Entwicklung ist.

Ihr wundervolles Kind

Bald wird Ihr »Baby« laufen, sprechen, klettern, sich allein anziehen und selber essen. Es wird neue Aktivitäten entdecken und Speisen, die es liebt. Sie werden herausfinden, was es lustig findet und was es traurig macht, und es wird Sie oft zum Lachen bringen. Wenn es in die Schule kommt, wird es seinen Namen schreiben und bis zehn zählen können. Aber vor allem wird es so selbstständig sein, dass es Sie nicht mehr ständig an seiner Seite braucht.

Kleiner Entdecker

Das wahrscheinlich Schönste an einem kleinen Kind ist seine Wissbegierde. Zwar lässt sein angeborener Überlebenstrieb es auch oft vorsichtig handeln, dennoch ist sein Drang, alles zu entdecken und zu erkunden, oft übermächtig. Wenn Sie sein Spielzeug verstecken, wird es danach auf die Suche gehen. Sieht es ein Klettergerüst, wird es versuchen hinaufzuklettern. Seine Lust auf neue Erfahrungen lehrt es alles, was es über die Umgebung, in der es lebt, wissen muss.

Geben Sie ihm daher viele Gelegenheiten, etwas zu erforschen und zu entdecken. Für Ihr Kind ist es überall spannend, Sie müssen dazu nicht einmal das Haus verlassen. Legen Sie einen Berg aus Kissen auf den Boden, den es gefahrlos erklimmen kann. Verschaffen Sie ihm sinnliche Erfahrungen, etwa indem Sie es mit den Fingern in einer Schüssel abgekühlter Spaghetti wühlen lassen. Beobachten Sie gemeinsam Schmetterlinge oder suchen Sie mit ihm im Garten nach Würmern.

Den Moment genießen

Lassen Sie sich von der Spontaneität und Lebensfreude Ihres Kindes anstecken, indem Sie gemeinsam spielen und erkunden, Erfolge feiern und Herausforderungen ins Gesicht lachen.

Kreatives Spiel

Die Fantasie Ihres Kindes schäumt über, wenn es mit etwa 18 Monaten seine Erfahrungen selbst steuern und in ein Spiel umwandeln kann. Haben Sie zum Beispiel gemeinsam etwas über brüllende Löwen gelesen, wird es danach vielleicht seinen Teddy anbrüllen – oder seine Geschwister!

Ihr wundervolles Kind 25

Vielleicht füttert es seine Kuscheltiere mit einem Löffel, weil Sie dasselbe jeden Tag mit ihm machen. Auch wenn seine Fähigkeiten zur Kommunikation begrenzt sind, wird es Ihnen zeigen, wie erfindungsreich es ist.

Geben Sie ihm einen Pinsel und es wird Bilder voller Farben und Energie malen. Loben Sie es reichlich für jedes seiner Meisterwerke – so durchfluten Glückshormone seinen Körper und stärken sein Selbstwertgefühl.

Ihr größter Fan

Ihr wunderbares Kind ist liebevoll, herzlich und Ihnen bedingungslos zugetan. Sie und die anderen Familienmitglieder sind seine ganze Welt. Sein Überlebensinstinkt lässt es alles tun, damit Sie es genauso sehr lieben, es beschützen und ernähren, bis es für sich selbst sorgen kann. Sie sind sein liebster Spielgefährte, denn Ihre Liebe und Zuwendung bedeuten ihm alles.

Sinn für Humor

Studien ergaben, dass Kinder ab etwa 15 Monaten beginnen, einen Sinn für das Absurde zu zeigen – wahrscheinlich weil ihr Verständnis von der Welt ab diesem Zeitpunkt so gut entwickelt ist, dass sie merken, wenn etwas nicht »normal« und deshalb lustig ist.

Wissenschaftler gehen interessanterweise davon aus, dass der Sinn für Humor eher erlernt als vererbt wird. Also legen Sie sich ins Zeug und bringen Sie Ihr Kind zum Lachen! Sie müssen dafür kein preisgekrönter Comedian sein. Das Weltbild Ihres Kindes ist noch so einfach, dass es bereits vor Lachen brüllen wird, wenn Sie sich Socken über die Ohren ziehen, eine Grimasse ziehen wegen seiner »Stinkefüße«, so tun, als ob eine Kartoffel zu heiß zum Festhalten ist, oder mit lustig verstellter Stimme zu ihm sprechen.

Nach kurzer Zeit werden Sie feststellen, dass Ihr Kind Ihre Possen wiederholt und Sie damit zum Lachen bringt. Wenn es ungefähr zwei Jahre alt ist und seine Sprach- und Verständnisfertigkeiten besser ausgeprägt sind, wird es anfangen, kleine Scherze mit Ihnen zu treiben. Wenn Sie es etwa bitten, auf seine Zehen zu deuten, wird es Ihnen seinen Bauch zeigen ... und sich vor Lachen über seinen eigenen Witz kringeln. Bitte lachen Sie dann mit, denn es ist für Ihr Kind wichtig zu wissen, dass Sie es auch lustig finden.

Kleine Nervensäge

Vom Erlernen der Hand-Mund-Koordination, um selber essen zu können, bis zur Kontrolle über seine Gedanken und Gefühle: Ihr Kind befindet sich in einer Lebensphase, in der es mit aller Macht selbstständig werden will. Dabei ist Ihr Sprössling erfindungsreich, spontan und liebevoll, doch all diese wundervollen Eigenschaften haben eine Kehrseite, die ihn manchmal auch zu einer kleinen Nervensäge macht.

Das gehört mir!

Mit etwa zwei Jahren hat Ihr Kind noch wenig Selbstwahrnehmung. Es handelt auf der Basis seiner Grundbedürfnisse – vor allem Liebe und Ernährung. Manchmal wirkt es fordernd und besitzergreifend, aber im Grunde ist es relativ entspannt, wenn es um den Umgang mit Spielzeug und das Teilen geht, da es das Konzept des Eigentums noch nicht begreift. Ab etwa zwei Jahren reift sein Sinn für Selbst und Selbstständigkeit und sein Leben dreht sich zunehmend um »ich« und »mein«. Das heißt nicht, dass Ihr Kind zum Egoisten heranwächst, dies ist lediglich ein Ausdruck seines heranreifenden Gehirns. Einfach gesagt erkennt es, dass es eine selbstständige Person ist, die unabhängig von Ihnen existiert, und dass nicht alles miteinander verbunden ist. Trotzdem begreift es noch nicht, dass etwas, das weggeht (etwa Sie oder Ihre Aufmerksamkeit), auch wiederkommt.

Die Welt Ihres Kindes ist unstet und es muss ständig die Grenzen austesten.

Aus diesem Grund wird Ihr Kind zwischen zwei und vier Jahren ständig die Grenzen ausloten, um herauszufinden, was ihm gehört – und dazu zählen auch Sie. Es sucht Aufmerksamkeit, weil sein wachsender Sinn für Getrenntsein es verunsichert. Es möchte sowohl seine Beziehung zu Ihnen

Kleine Nervensäge

Ganz zwanglos

Essensverweigerung ist ein Ausdruck Ihres Kindes nach mehr Kontrolle. Zwingen Sie Ihr Kind nicht zu festen Zeiten zu essen, sondern geben Sie ihm etwas, wenn es hungrig ist.

kontrollieren (indem es seine neu gewonnene Autonomie erprobt) als auch die Gewissheit erlangen, dass Sie es noch immer lieben, auch wenn es Sie nicht sehen kann oder Sie sich mit etwas anderem beschäftigen.

Sie können Ihrem Kind dabei helfen, indem Sie ihm sooft es geht Ihre volle Aufmerksamkeit schenken. Nehmen Sie sich möglichst jeden Tag etwas Zeit, in der Sie sich ausschließlich mit Ihrem Kind befassen.

»Nein« und »Ich will nicht!«

An manchen Tagen wird jede Ihrer Bitten, von »Bitte putz dir die Zähne« bis »Wir müssen jetzt gehen«, in einem Kampf ausarten. Denken Sie dann daran, dass die Verweigerung ein wichtiger Entwicklungsschritt für Ihr Kind ist. In einer Welt voller Unsicherheiten und Veränderungen gibt ihm die Durchsetzung seines Willens das Gefühl von Kontrolle und Macht.

So frustrierend das für Sie sein mag, lassen Sie sich davon nicht aus der Ruhe bringen. Setzen Sie Grenzen, machen Sie Vorankündigungen (vor allem, wenn es um Zeit geht: »Wir gehen in zehn Minuten, fünf Minuten, wenn ich bis zehn gezählt habe«) und führen Sie es dann – falls erforderlich – liebevoll, aber bestimmt weg. Bieten

Teilen lernen

Zwingen Sie Ihr Kind nicht zu teilen. Die Fähigkeit zu geben und zu nehmen kommt erst, wenn das Gehirn anfängt, Verbindungen zwischen den niedrigeren und den höheren Instinkten zu knüpfen (siehe Seite 11). Da die emotionale Bindung an bestimmte Objekte Wohlfühlhormone freisetzt, empfindet Ihr Kind es als schwerwiegenden Verlust, wenn es etwas hergeben muss, bevor es die Fähigkeit zu teilen entwickelt hat.

Machen Sie es mit dem Konzept des Teilens vertraut, indem Sie ihm etwas von sich überlassen. »Hier hast du Mamas Notizbuch und einen Stift. Male mir ein Bild und gib mir das Buch dann zurück.« Fragen Sie es dann, ob Sie in der Zwischenzeit mit etwas aus seinem Besitz spielen dürfen. Spielen Sie anfangs nur kurz (wirklich nur wenige Momente) und geben Sie es ihm dann zurück. Kommen andere Kinder zu Besuch, räumen Sie die Lieblingsspielsachen Ihres Kindes weg und suchen Sie welche heraus, die Ihrem Kind weniger wichtig sind, um Streit zu vermeiden.

Wenn sich das logische, vernunftbetonte Denken Ihres Kindes besser entwickelt hat und es weiß, dass man Dinge hergeben kann, ohne sie dauerhaft zu verlieren, wird es mit der Zeit auch bereit sein, alle Spielsachen zu teilen und nicht nur die weniger beliebten.

So geht's jetzt weiter

Streit zur Schlafenszeit

Die Weigerung, ins Bett zu gehen oder im Bett zu bleiben, tritt im Trotzalter sehr häufig auf. Halten Sie weiterhin am Bettgehritual fest, aber geben Sie Ihrem Kind Wahlmöglichkeiten wie: »Willst du heute den roten oder den blauen Schlafanzug anziehen?« Steht es immer wieder auf, bleiben Sie ruhig, nehmen Sie es an die Hand und bringen Sie es ohne großes Trara wieder ins Bett zurück. Irgendwann hat es die Botschaft verstanden, auch wenn das mehrere Wochen dauern kann.

Akzeptieren Sie stattdessen, dass Sofa und Treppe eine Weile als Spielplatz missbraucht werden, aber bestehen Sie zu jeder Zeit auf einer Einhaltung der Sicherheitsregeln. Wenn Ihr Kleines sich austoben möchte, gehen Sie mit ihm auf den Spielplatz, in den Park oder in den Garten. Diese Orte sind zum Herumrennen besser geeignet als die Wohnung.

Die Fantasie und Kreativität Ihres Kindes werden Ihnen mehr als einmal die Tränen in die Augen treiben. Da wird Windelcreme in den Teppich gerieben und Toilettenpapier überall im Haus verteilt, denn für Ihr Kind ist das alles ein herrliches Spiel. Atmen Sie tief durch – Chaos zu verbreiten gehört nun einmal zum

Bieten Sie ihm, sooft es geht, beschränkte Wahlmöglichkeiten – »Willst du lieber in den Park oder in den Garten?« –, damit es sich als Herr über sein Schicksal fühlt.

Halte mich nicht auf!

Rennen, hüpfen, klettern, malen … seine grenzenlose Energie lässt Ihr Kind genau das sagen und tun, was ihm gerade in den Sinn kommt. Das ist zwar unterhaltsam, aber manchmal auch sehr anstrengend. Ihr Kind verfügt noch nicht über die hormonellen Regulationsmechanismen, die seinen Enthusiasmus drosseln. Jeder Versuch, es aufzuhalten, wird zum Kampf führen (und eventuell sein Selbstvertrauen erschüttern).

Lenken Sie die Energie Ihres Kindes in positive

Heranwachsen dazu – und kanalisieren Sie die kreative Energie Ihres Kindes, indem Sie das Putzen und Aufräumen ebenfalls zum Spiel erklären. Danach stellen Sie die Windelcreme und alles, was Ihr Kind nicht in die Finger bekommen soll, auf ein hohes Regal.

Spontane Kommentare über die große Nase der Tante oder den dicken Bauch des Nachbarn sind schwierig zu unterbinden, solange Ihr Kind noch nicht versteht, was Beleidigungen sind. Schnelle Ablenkung und ein entschuldigendes Lächeln müssen für den Anfang genügen. Wenn Ihr Kind in seiner Impulsivität Sie ständig unterbricht, versuchen

Richtungen, um Frust zu vermeiden.

Ruhe bewahren

Wenn Ihr Kind seine Frustration nicht in Worten ausdrücken kann, schlägt es mit Händen und Füßen um sich. Bleiben Sie ruhig und erklären Sie ihm, dass es so nicht geht. Ergründen Sie dann, was Ihr Kind so aufregt.

Sie ihm etwas über Manieren beizubringen, anstatt es zu maßregeln: »Wenn du Mama etwas sagen willst, während sie spricht, musst du vorher ›Entschuldigung‹ sagen.« So muss es nicht warten, wenn es mit Ihnen sprechen will, merkt aber trotzdem, dass es nicht wirklich in Ordnung ist, Sie zu unterbrechen.

Bleib bei mir!

Wenn Ihr Wohlbefinden nur von einer einzigen Person abhinge, würden Sie sie sicher auch nicht gern gehen lassen. Die primitiven Instinkte Ihres Kindes, die in Urzeiten seine Lebenschancen bestimmten, haben es darauf programmiert, sich nie von Ihnen zu trennen. Machen Sie sich also nicht darüber lustig, wenn Ihr Kind trotz wachsender Selbstständigkeit plötzlich wieder anfängt zu klammern. Dies ist – wie so vieles andere im Trotzalter – nur eine vorübergehende Phase. Zeigen Sie stattdessen Verständnis und trösten Sie Ihr Kind mit Worten und Umarmungen. Informieren Sie auch andere Bezugspersonen darüber, damit diese sich nicht zurückgewiesen fühlen. Wenn Ihr Kind zeitweise ohne Sie auskommen muss, etwa weil Sie berufstätig sind, schenken Sie ihm in den Stunden, die Sie mit ihm verbringen, besonders viel Aufmerksamkeit.

Was ist ein Trotzanfall?

Sie haben seine Selbstständigkeit und sein Selbstvertrauen gefördert, doch plötzlich bekommt Ihr Kind einen Trotzanfall nach dem anderen. Was lief schief? Trotzanfälle sind keinesfalls das Produkt von Erziehungsfehlern. Sie sind vielmehr ein Zeichen, dass sich das Gehirn Ihres Kindes richtig entwickelt.

Das passiert im Gehirn

Im vorderen Teil des Großhirns (siehe Kasten Seite 11) liegt direkt hinter der Stirn ein Bereich, den man präfrontaler Kortex nennt. Unter anderem ist dieser Bereich für die soziale und emotionale Intelligenz zuständig. Er gehört zu den Gehirnregionen, die sich am spätesten entwickeln, ungefähr zwischen dem vierten und fünften Lebensjahr. Warum das so ist, weiß man nicht genau. Nach einer Theorie ist das Sprachverständnis die wichtigste soziale Fähigkeit, daher erfolgt in den ersten Lebensjahren vor allem die Entwicklung vom Sprachverständnis und nicht die der Verarbeitung und Steuerung von Emotionen. Das bedeutet, solange der präfrontale Kortex unreif ist, verhalten sich die Gefühle eines Kindes wie Lava in einem Vulkan: Sie blubbern vor sich hin und sind bereit, jeden Moment auszubrechen.

Das ist wichtig zu wissen, denn die Hauptmerkmale von Trotzanfällen sind ihre Explosivität und ihre Unkontrollierbarkeit. Das Verhalten während eines Anfalls ist nicht vergleichbar mit Situationen, in denen Ihr Kind immer wieder den Schuh wegschleudert, den Sie ihm anziehen wollen, oder sich an die Tür klammert, wenn es die Spielgruppe verlassen soll. Ein Trotzanfall ist der Ausbruch ungezügelter Gefühle, die nicht durch irgendein soziales Bewusstsein gebremst werden. Während des Anfalls nimmt Ihr Kind so gut wie nichts von der Umwelt wahr (auch keine Gefahren) und es ist aussichtslos, es wieder zur Vernunft zu bringen. Man kann nur abwarten, bis der Anfall von selbst vorübergeht.

Mögliche Auslöser

• Müdigkeit • Hunger • Langeweile • Überreiztheit • Unsicherheit und Trennungsangst • zu viele Regeln • zu wenig Regeln • Bedürfnis nach Aufmerksamkeit • etwas nicht oder nicht gleich bekommen • Bedürfnis nach Selbstständigkeit

Die Ursachen für Trotzanfälle

Zuerst die gute Nachricht: Vieles deutet darauf hin, dass die meisten Trotzanfälle nicht die Folge falscher Erziehung sind, sondern eine normale Entwicklungsphase Ihres Kindes darstellen, die über kurz oder lang vorübergehen wird.

Ältere Babys und Kleinkinder sind egozentrisch und reagieren unmittelbar auf Situationen, während sie sich durch eine Welt bewegen, die täglich (manchmal minütlich) neue Erfahrungen und Informationen bereithält. Diese Welt ist aufregend, birgt aber auch einige Gefahren. Noch schlimmer ist, dass Ihr Kind die meisten davon allein bewältigen muss, denn seine wachsende Selbstständigkeit beschert ihm die Erkenntnis, dass Sie und es zwei getrennte Personen sind. Kleine Kinder denken außerdem, die Welt drehe sich nur um sie. Sie wollen, dass ihre Bedürfnisse sofort erfüllt werden, und reagieren mit starken Emotionen, wenn das nicht passiert. So ist die Welt für Ihr Kind ein Ort voller Probleme und Frustrationen – und das bringt eine hohe Anspannung mit sich.

> *Ihr Kind ist der Mittelpunkt seiner Welt, die nur für es zu existieren scheint.*

Hohe Anspannung hat auf den Körper Ihres Kindes denselben Effekt wie auf Ihren: Das Gehirn nimmt eine Bedrohung wahr und sendet Botschaften an die Nebennieren. Diese schütten Adrenalin (das Stresshormon) aus, das wiederum den Herzschlag beschleunigt. Dadurch bereitet sich der Körper darauf vor, zu kämpfen oder vor der Gefahr zu fliehen. Hält die Gefahr

Anfälle verringern

Trotzanfälle sind im Kleinkindalter unvermeidlich. Dennoch können Sie einiges tun, um die Häufigkeit ihres Auftretens zu reduzieren:

- **Nehmen Sie immer** ein paar gesunde Snacks mit, wenn Sie unterwegs sind, damit Ihr Kind keinen Hunger bekommt.

- **Ein Buch** oder Malstifte in der Handtasche helfen gegen Langeweile.

- **Nehmen Sie sich** täglich etwas Zeit, in der Sie sich durch nichts von der Beschäftigung mit Ihrem Kind abhalten lassen.

- **Minimieren Sie Verbote**, indem Sie zum Beispiel Zerbrechliches und alles andere, was Ihr Kind nicht anfassen soll, außer Reichweite bringen. Überlegen Sie vor jedem »Nein«, das Sie aussprechen, ob es wirklich nötig ist.

- **Geben Sie Ihrem Kind** etwas Kontrolle über seine Welt. Lassen Sie ihm beschränkte Wahlmöglichkeiten, etwa: »Willst du die rote oder die grüne Jacke anziehen?« oder »Wollen wir das Buch über Autos oder das über Tiere anschauen?«

- **Achten Sie darauf**, dass sich tagsüber ruhige und aktive Phasen die Waage halten, damit Ihr Kind weder überreizt wird noch unterfordert ist und sich langweilt.

Die Signale erkennen

Ein Trotzanfall kommt manchmal aus heiterem Himmel, doch oft gibt es deutliche Warnsignale, dass er bevorsteht. Diese zu erkennen und entsprechend darauf zu reagieren kann einen Anfall schon im Keim ersticken. Zeigt Ihr Kind Anzeichen von wachsender Erregung (es nörgelt, blickt finster drein, regt sich über Kleinigkeiten auf), sollten Sie sich fragen:

- **Könnte es hungrig sein?** Wenn ja, bieten Sie ihm einen gesunden Snack an, zum Beispiel ein Stück Obst.

- **Ist es müde oder überanstrengt?** Schlagen Sie ruhigere Aktivitäten vor oder lassen Sie es ein kleines Nickerchen machen.

- **Hat sich der Tagesablauf geändert?** Geben Sie ihm jede Menge Zuwendung und machen Sie etwas Vertrautes mit ihm, damit es merkt, dass sich nicht plötzlich alles verändert hat.

- **Ist es frustriert**, weil es etwas nicht bekommen hat, das es wollte? Wenn Sie »Nein« gesagt haben, sollten Sie dabei bleiben und Ihr Kind stattdessen ablenken. Ist ihm etwas misslungen, bieten Sie ihm Hilfe an oder schlagen Sie etwas vor, von dem Sie wissen, dass es ihm gelingen wird.

- **Waren Sie abgelenkt**, etwa durch einen Anruf? Tun Sie etwas gemeinsam (Buch lesen, puzzeln, malen) und ignorieren Sie Störungen.

weiterhin an, erhalten die Nebennieren den Befehl, Cortisol auszuschütten und damit den Körper in Bereitschaft zu halten. Eine anhaltende Unruhe bedeutet also für Ihr Kind, sich permanent im Stadium »Kampf oder Flucht« zu befinden, was die Wahrscheinlichkeit für einen Trotzanfall erhöht.

Arten von Trotzanfällen

Manche Forscher unterteilen Trotzanfälle in zwei Kategorien: den Anfall aus Stress und den aus Wut. Ersterer wird durch Ängste ausgelöst und drückt sich meistens durch unkontrolliertes Weinen und Schreien aus (bis hin zu dem Punkt, an dem das Kind nicht mehr sprechen kann), wobei das Kind oft zu Boden fällt.

Der Wutanfall dagegen kann sich ebenfalls durch Schreien äußern, aber meistens schlägt das Kind um sich, tritt und beißt. Selten wird der Wutanfall von Tränen begleitet, dafür von umso

Was ist ein Trotzanfall? 33

mehr Aggression. Die Gründe für die beiden Arten von Anfällen sind verschieden:

- **Anfälle aus Stress** treten vor allem bei Kindern bis drei Jahre auf. Hunger (oder ein niedriger Blutzuckerspiegel), Müdigkeit, Überreizung, Trennung (von Ihnen, von ihrem Lieblingsspielzeug, von der gewohnten Umgebung) sowie die Angst, sich unbekannten Aufgaben stellen zu müssen, sind mögliche Ursachen für solche Anfälle, denn sie haben eine direkte Wirkung auf den Körper. Ein stressbedingter Anfall geschieht nicht aus Berechnung oder Bosheit. Er ist der emotionale Ausdruck von Angst, Verwirrung, Traurigkeit oder einem körperlichen Bedürfnis.
- **Wutanfälle** treten vor allem bei älteren Kindern auf und sind nicht selten manipulativ. Oft sind sie Ausdruck eines Machtkampfes mit Ihnen. Sie setzen häufig dann ein, wenn Eltern beginnen, Grenzen zu setzen, wie: »Nein, du bekommst kein Eis mehr«, »Gib die Schaufel zurück, sie gehört dir nicht« oder: »Nein, das Wetter ist zu schlecht, um draußen zu spielen.« Mit solchen Anfällen will Ihr Kind Selbstständigkeit üben und Kontrolle über seine Welt erlangen.

Die Erkenntnis, dass nicht alle Trotzanfälle gleich ablaufen oder dieselben Ursachen haben, ist wichtig, um ihr Auftreten zu minimieren oder richtig darauf zu reagieren, wenn sie doch vorkommen (siehe Kapitel 5).

Alles nur Theater?

Sich auf den Boden zu werfen oder mit den Füßen zu stampfen wirkt ziemlich theatralisch, ist aber Ausdruck eines totalen Kontrollverlustes Ihres Kindes. Nach dem Anfall ist Ihr Kind bereit, sich knuddeln und trösten zu lassen.

Das Verhalten ist oft ein Hinweis auf die Ursache des Anfalls.

Ein Blick voraus

Mit etwa vier oder fünf Jahren haben sich die Verbindungen zwischen den Gehirnbereichen gefestigt – nun beginnt Ihr Kind mit mehr Logik und Vernunft zu denken und zu handeln.

Ihre Sprache sprechen

Der Grund, warum ältere Kleinkinder weniger Trotzanfälle haben als jüngere, liegt vermutlich nicht nur an der verbesserten Kommunikation zwischen Groß- und Kleinhirn, sondern auch daran, dass ihre Sprachfertigkeit besser entwickelt ist. Durch die Kombination dieser beiden Aspekte können ältere Kleinkinder ihre Emotionen sowohl leichter kontrollieren als auch besser kommunizieren. Helfen Sie Ihrem Kind dabei, seine Gefühle zu benennen, indem Sie zum Beispiel sagen: »Ich verstehe, dass du dich ärgerst, weil wir nicht in den Park gehen/ das Spiel beenden können«, und geben Sie ihm Zeit, Ihnen seine Gefühle mitzuteilen. Je eher es lernt, wie befreiend und beruhigend es ist, über seine Gefühle zu sprechen, desto schneller wird es die Trotzphase überwinden.

Rebell aus gutem Grund

Selbst wenn sich Sprache und logisches Denken schnell entwickeln, beeinflussen die vielen chemischen Vorgänge im Gehirn nach wie vor sein Verhalten. Trotzanfälle treten zwar nicht mehr so häufig auf (vielleicht nur noch einmal die Woche), aber sie gehören noch nicht ganz der Vergangenheit an.

Die Anfälle älterer Kleinkinder haben ganz bestimmte, identifizierbare Auslöser, sodass es für Sie leichter ist, Ihr Kind an diesen Anfällen vorbei oder durch sie hindurch zu leiten oder ihre Häufigkeit zu reduzieren.

Lob baut auf

Egal, ob Ihr Kind ein Bild malt, mit einem Ball spielt oder ein Puzzle meistert: Freuen Sie sich mit ihm über seinen Erfolg und loben Sie es ausgiebig. Das stärkt sein Selbstvertrauen und sein Selbstwertgefühl.

Es braucht konstante Liebe und Zuwendung (egal wie patzig es manchmal ist).

Finden Sie heraus, wie Sie sein Selbstwertgefühl stärken können, etwa indem Sie ihm jede Woche Zeit für seine Lieblingsbeschäftigung widmen, echtes Interesse zeigen, wenn Ihr Kind Ihnen etwas erzählt, und ihm viele Gelegenheiten geben, in allen Lebensbereichen Erfolge und natürlich Ihr Lob zu erzielen.

So kann beispielsweise wenig Autonomie Anfälle auslösen. Mit drei oder vier Jahren möchten Kinder eigene Entscheidungen treffen. Lassen Sie Ihr Kind daher nicht nur sooft es geht selbst wählen (siehe Kasten Seite 31), sondern seien Sie auch nicht überfürsorglich. Studien zufolge leiden ältere Kleinkinder, die von ihren Eltern so stark behütet werden, dass sie nie ihre Grenzen ausloten können, auch in späteren Jahren noch häufiger unter Trotzanfällen (und werden oft zu introvertierten Erwachsenen). Regeln und Grenzen spielen eine große Rolle, um Trotzanfälle zu verhindern (siehe Seite 40–43), aber es ist auch wichtig, diese nach und nach zu lockern, wenn Ihr Kind älter und vernünftiger wird.

Soziale und emotionale Unsicherheit kann ebenfalls Trotzanfälle auslösen. Beobachten Sie, wie Ihr Kind mit anderen Kindern auskommt. Wirkt es zurückgezogen oder wird es bewusst ausgeschlossen? Gab es in Ihrer Familie ein traumatisches Ereignis, das es verunsichert haben könnte? Oder hat es vielleicht eine überaktive Fantasie und sein Kopf ist voller erfundener Bilder, die sich als Albträume und Ängste äußern? Auch mit fünf oder sechs Jahren ist ein Kind emotional noch sehr instabil.

Hilfe suchen

Die Wissenschaftler sind sich einig, dass nicht die Trotzanfälle selbst ein Indikator dafür sind, dass etwas mit Ihrem Kind nicht stimmt, sondern deren Art und Häufigkeit. 2012 ergab eine Studie in den USA, dass weniger als 10 Prozent der Kindergartenkinder täglich Trotzanfälle hatten. Die Kinder mit Trotzanfällen kamen häufig aus aggressiv oder depressiv vorbelasteten Familien. Wenn Sie an Ihrem Kind eines der folgenden Anzeichen beobachten, sollten Sie den Kinderarzt zurate ziehen. Hat Ihr Kind:

• vier oder mehr Trotzanfälle pro Woche, die länger als fünf Minuten anhalten?

• die Neigung, sich während eines Anfalls selbst zu verletzen? Etwa sich aufzukratzen, zu beißen oder sich zu schlagen?

• während eines Anfalls oft Aggressionen gegen Sie oder andere Personen?

Wachsen und gedeihen

Egal wie alt Ihr Kleines momentan ist, Sie wissen sicher schon, dass es kein Patentrezept für Kindererziehung gibt. Ein paar »Zutaten« allerdings – in genau der Menge und Kombination, wie es für Ihre Familie am besten passt – tragen dazu bei, dass Ihr Kind zu einer emotional intelligenten, selbstsicheren Person heranwächst. Dieses Kapitel zeigt Ihnen, wie Sie mit Liebe und Zuwendung, mit Grenzen, Regeln, Konsequenz sowie einem geregelten Tagesablauf Ihrem Kind dabei helfen, sich einen Weg durch seine Gefühlswelt zu bahnen – denn diese ist oft mehr als verwirrend.

Ganz viel Liebe

Bei der Geburt ist Ihr Kind wie ein unbeschriebenes Blatt. Sein Gehirn wartet darauf, unzählige Verbindungen zwischen den verschiedenen Gehirnregionen zu knüpfen. Das bedeutet, Umwelt und Kultur, aber vor allem die Art von Liebe, Zuwendung und Aufmerksamkeit, die Sie ihm schenken, helfen von Anfang an mit, seine Persönlichkeit zu formen.

Ihr Kind braucht Liebe

Neurologen aus aller Welt sind sich darin einig, dass man ein Kind niemals durch Liebe zu sehr verwöhnen kann. Liebe und Zuwendung sind zwei wichtige Elemente für die gesunde geistige Entwicklung. Sie stimulieren die Neuronenverbindungen im Gehirn und machen Ihr Kleines zu einem geschätzten, respektierten und willkommenen Mitglied der Gesellschaft. Mit anderen Worten: Ihr Baby wird das Produkt der Liebe und Zuwendung, die Sie ihm schenken. Diese bewirken, dass sein Verhalten in seiner sozialen Umwelt akzeptiert wird.

Ihr Kind gedeiht durch Ihre Liebe und Zuwendung.

Schon bevor es sprechen kann, erkennt Ihr Kind innerhalb von Sekundenbruchteilen anhand Ihrer Stimme und Ihres Gesichtsausdrucks, was Sie über seine Anwesenheit und sein Handeln denken. Weint es, sollten Sie sich ihm lächelnd und mit beruhigenden Worten zuwenden. So lernt es, dass es in Ordnung ist, seine Gefühle auszudrücken und Hilfe oder Trost zu wollen. Keine Sorge, Ihr Kind wird sich dadurch nicht in eine Heulsuse verwandeln, die immerzu weint, wenn sie etwas haben möchte. Im Gegenteil: Wenn Sie auf diese Weise reagieren, entwickelt Ihr Kind Sicherheit und Selbstvertrauen, die es zu einem selbstbewussten, unkomplizierten Erwachsenen werden lassen.

Wertschätzung

Ihr Kind benötigt nicht nur eine sichere, liebevolle Umgebung. Es möchte auch, dass Sie die Gesten der Zuneigung annehmen, die es Ihnen schenkt.

Wenn Sie Ihr Kind mit offenen Armen empfangen, senden Sie ihm die Botschaft, dass es Ihnen etwas zu geben hat, was Sie gerne haben möchten. Kommt es also mit einem selbst gemalten Bild zu Ihnen oder klettert es zum Kuscheln auf Ihren Schoß, zeigen Sie ihm Ihre Freude. Will es Ihnen sagen, dass ihm etwas leidtut, akzeptieren Sie freundlich seine Entschuldigung. Damit demonstrieren Sie, dass Ihre Liebe konstant und bedingungslos ist.

Diese Fähigkeit, die Stimmung oder Reaktion einer Bezugsperson zu lesen, nennt man »soziales Referenzieren«. Sie ist ein wichtiger Schlüssel zum positiven Austausch und zur Empathie für andere. Zeigen auch Sie Empathie im täglichen Handeln, denn Ihr Kind beobachtet Sie und lernt von Ihnen. So wird es als Kind und auch später als Erwachsener weniger Probleme und Streitereien im Umgang mit anderen haben. Empathie macht Ihr Kind nicht zum Schwächling, sondern zu einem gelassenen, selbstbewussten Menschen, der genau weiß, wie er mit anderen umgehen muss.

Liebe zeigen

Natürlich lässt sich Ihre Liebe noch auf viele andere Arten zeigen als nur durch Gesichtsausdruck und Stimme. So können Sie seine Bedürfnisse erfüllen wie gesunde Ernährung, Lernen, Anregung seiner Sinne, ihm beim Einschlafen helfen und ihm Trost und Streicheleinheiten spenden, wenn es ihm nicht gut geht oder wenn es traurig ist. Sie können Ihre Freude ausdrücken, wenn ihm etwas gut gelingt oder es sich richtig verhält, und ihm Ihre besondere Aufmerksamkeit schenken, wenn es Sie braucht. Mit alldem beweisen Sie, wie sehr Sie Ihr Kind lieben.

Grenzen und Regeln zu setzen (siehe Seite 40–43) und das Einhalten von Disziplin sind zwar weniger offensichtliche Arten, Ihre Liebe zu zeigen, aber auch sie sind Zeichen der Zuwendung und Fürsorge, solange Sie deren konsequente Einhaltung auf bestimmte, aber immer freundliche Art und Weise einfordern. All diese Elemente sind die Bausteine für das, was die Wissenschaftler »responsive Erziehung« nennen. Tatsächlich stammen Studien zufolge die ausgeglichensten Kinder aus Familien, in denen die Eltern ohne Fragen und Vorbehalte auf die Bedürfnisse ihrer Kinder reagieren.

Regeln und Grenzen setzen

Ihr Kind möchte die Welt erkunden und seine Grenzen ausloten. So lernt es Gut und Böse, Sicher und Unsicher zu unterscheiden. Regeln und Grenzen lehren es Selbstdisziplin, sozial akzeptables Verhalten sowie Respekt für andere Personen und deren Eigentum. Dabei bedeuten Grenzen nicht Härte, sondern liebevoll vermittelt helfen sie Ihrem Kind, sich zu einem selbstbewussten, beliebten Menschen mit guten Manieren zu entwickeln.

Mit klaren Regeln fühlt sich Ihr Kind sicher und geborgen.

Wie Regeln und Grenzen helfen

Wie wir schon gesehen haben, kann die Welt für Ihr Kind beängstigend sein. Ihre Aufgabe ist es, ihm beizubringen, dass sich Probleme mit Logik und Vernunft leichter lösen lassen als mit Panik und der urzeitlichen »Kampf-oder-Flucht«-Reaktion. Um das zu erreichen, ist Ihr Kind darauf angewiesen, dass Sie sich um es kümmern. Es braucht Grenzen, die ihm gleichzeitig die nötige Freiheit geben, das Prinzip von Ursache und Wirkung zu entdecken – allerdings in einem sicheren Rahmen. Ohne solche Grenzen fühlt es sich unsicher und verloren. Das bedeutet, dass es mit großer Wahrscheinlichkeit auf Probleme mit Panik, Angst oder auf andere Weise reagiert, die nicht Ihren eigenen Vorstellungen von richtigem Verhalten entspricht. Durch Studien fand man heraus, dass Kindern, die von ihren Eltern als »schwierig«, »launisch« oder »anklammernd« bezeichnet wurden, nie klare Regeln oder Grenzen gesetzt wurden.

Mit der Zeit erkennt Ihr Kind, dass die Grenzen und Regeln, die Sie ihm setzen, Ihre Liebe und Sorge um sein Wohlergehen widerspiegeln. So merkt es zum Beispiel, dass es viel mehr Spaß macht, mit anderen Kindern zu spielen, nachdem Sie ihm gezeigt haben, wie man sich dabei abwechselt, dass man nicht die Spielsachen der anderen nimmt oder dass man abwarten muss, bis man beim Schaukeln an der Reihe ist. Und irgendwann wird Ihr Kind auch begreifen, dass Sie es nicht ärgern, sondern nur vor der Sonne schützen wollen, wenn Sie an einem heißen Sommertag von ihm verlangen, beim Spielen im Garten einen Hut aufzusetzen.

Regeln und Grenzen setzen

> **Richtig und falsch**
>
> Erst ab etwa drei Jahren versteht Ihr Kind, was »unartig« bedeutet. Es kennt den Unterschied zwischen gutem und schlechtem Benehmen nicht, bevor Sie es ihm beigebracht haben.

Grenzen und Regeln festlegen

Jede Familie ist anders. Was für Sie wichtig ist, mag anderen völlig belanglos erscheinen und umgekehrt. Trotzdem sind Grenzen und Maßstäbe, die die Sicherheit Ihres Kindes gewährleisten, für jeden relevant und damit unerlässlich. Dazu zählt zum Beispiel die Vorgabe, dass das Kind beim Überqueren einer Straße an der Hand gehen soll oder dass es im Auto oder Buggy immer angeschnallt werden muss. Ähnlich verhält es sich mit Grenzen zu Hause, etwa dass die Küchenschränke nicht geöffnet werden dürfen, dass man nicht von Möbeln springt und Haustiere nicht ärgert – denn das könnte unerfreuliche oder sogar schmerzhafte Konsequenzen haben.

Vielleicht möchten Sie auch ein paar Regeln für soziales Verhalten aufstellen. Dazu gehört etwa, anderen Menschen gegenüber immer freundlich, ehrlich und höflich (»Bitte« und »Danke« sagen) zu sein, seine Sachen gut zu behandeln und gut zuzuhören, wenn jemand mit einem spricht. Hygieneregeln sorgen dafür, dass die Zähne zweimal täglich geputzt und die Hände vor den Mahlzeiten gewaschen werden.

Darüber hinaus gibt es vielleicht ein paar persönliche Vorlieben und Abneigungen, die Sie weitergeben möchten, wie etwa das Kauen mit geschlossenem Mund oder das Aufräumen der Spielsachen am Ende des Tages. Solche Regeln haben keine fundamentalen Auswirkungen auf das Wohlbefinden Ihres Kindes, doch wenn sie Ihr Leben leichter oder glücklicher machen, sind sie für die ganze Familie gut.

Besprechen Sie mit Ihrem Partner, was Ihnen wichtig ist. Suchen Sie bei Unstimmigkeiten nach einem Kompromiss, denn Konsequenz ist bei Regeln und Grenzen unerlässlich. Erstellen Sie eine Liste, die für alle sichtbar aufgehängt wird. Auch wenn Ihr Kind noch nicht lesen kann, erinnert das Sie und alle anderen in der Familie stets daran, welche Regeln beachtet werden sollen.

Alles in Maßen

Grenzen sind zwar wichtig für das Wohlbefinden Ihres Kleinen, aber zu viele Regeln und überzogene Erwartungen setzen Ihr Kind sehr unter Druck. Die Angst, etwas falsch zu machen, erhöht den Spiegel des Stresshormons Cortisol und führt zu Anspannung sowie unerwünschtem Verhalten.

Versuchen Sie vor allem dort Regeln aufzustellen, wo es um Sicherheit, soziale Akzeptanz und Hygiene geht. Alles andere können Sie so locker handhaben, wie Sie möchten. Ist es wirklich so schlimm, wenn Ihr Kind im Elfenkostüm in den Park gehen möchte? Oder wenn es sein Mittagessen nur halb aufisst? Muss es beim Spielen im Garten wirklich leise sein? Lohnt sich ein Streit darüber, ob es sein Lieblingsspielzeug in den Supermarkt mitnehmen darf oder nicht? Geht dieses dann verloren, hat Ihr Kind eine wichtige Lektion über Ursache und Wirkung gelernt.

Ihr Kind will erkunden und experimentieren, also setzen Sie ihm keine Grenzen, die nur schwer einzuhalten sind. Bedenken Sie auch, dass kleine Kinder nicht für längere Zeit still sein können. Sobald Ihr Kind älter wird und seine Impulse besser unter Kontrolle hat, können Sie die Regeln entsprechend anpassen, aber achten Sie darauf, dass sie immer vernünftig und altersgerecht sind.

Regeln durchsetzen

Sie und Ihr Partner sind sich über alle Regeln einig, doch wie soll Ihr Kind sie verstehen? Manchen

Klar und deutlich
Erklären Sie es Ihrem Kind, wenn etwas falsch gelaufen ist – in kurzen, einfachen Sätzen und mit Worten, die es versteht.

Kindern genügt schon ein einfaches »Nein«, andere benötigen eine Erklärung oder eine freundliche Berührung, bevor sie ihr Verhalten ändern. Auch wenn Worte genügen, sollten Sie immer versuchen, im selben Raum zu sein, anstatt aus einem anderen Zimmer herüberzubrüllen. Ihr Kind liest Ihre Mimik und Körpersprache, um zu prüfen, wie ernst Sie es meinen. Deshalb ist es wichtig für das effektive Durchsetzen von Regeln, dass Ihr Kind Sie dabei sehen kann. Sprechen Sie auch immer sofort mit Ihrem Kind, wenn es etwas falsch gemacht hat. Schon nach wenigen Minuten hat es sich nämlich anderen Dingen zugewendet und weiß nicht mehr, wovon Sie reden.

Stellen Sie keine überzogenen Forderungen an Ihr Kind.

Achten Sie auf einen ruhigen und freundlichen Tonfall und stellen Sie sich darauf ein, alles öfter als einmal sagen zu müssen. Kleinkinder haben ein sehr kurzes Gedächtnis. Die entsprechenden Neuronenverbindungen entstehen erst, wenn Anlass und Konsequenz wiederholt aufgetreten sind. Erklären Sie Ihrem Kind, was es tun soll, nicht, was es lassen soll. Es wird eher auf die Aufforderung »Sprich leise« als auf »Schrei nicht herum!« reagieren.

Setzen Sie niemals die Einhaltung von Regeln mit Liebesentzug durch. Ihr Kind muss wissen, dass Sie immer auf seiner Seite sind, auch wenn es gerade einen Fehler gemacht hat. Regeln, die mit Liebe aufrechterhalten werden, reduzieren Stress, stärken das Vertrauen und den Wunsch des Kindes, alles richtig zu machen.

Konsequent sein

Ihr Kind erwartet von Ihnen, dass Sie seiner Welt Sinn verleihen. Wird es an einem Tag gescholten, weil es Essen vom Teller stibitzt hat, und erhält am nächsten Tag für dieselbe Tat keinerlei Reaktion, weiß es nicht, welches Verhalten Sie glücklich macht. Sie müssen jedes Mal dieselbe Reaktion zeigen, denn Ihr Kind mag Vorhersehbarkeit.

Konsequenz ist die Basis für eine gute Erziehung. All Ihre Regeln sind nichts wert, wenn Sie nicht konsequent auf deren Einhaltung achten. Selbst wenn Ihr Kind das x-te Mal fragt, sollten Sie nicht davon abweichen. Dasselbe gilt für alle anderen Bezugspersonen. Wenn die Oma ihren Enkel mit Süßigkeiten verwöhnen möchte, ist das okay, solange sie die Regeln für Sicherheit, Verhalten und Gesundheit beachtet.

Konsequenz gilt für alle. Ihr Kind versteht nicht, warum seine Babyschwester alle an den Haaren ziehen darf, nur weil sie einen Greifreflex hat. Es sieht lediglich, dass ihr eine Aktion erlaubt wird, die man ihm verboten hat. Sagen Sie also auch zum Baby freundlich »Nein«.

Loben Sie konsequent. Responsive Erziehung bedeutet, das Positive zu betonen. Ihr Kind möchte Ihnen unbedingt gefallen. Wenn Sie es also konsequent für das Beachten von Regeln loben, wird es dieses Verhalten gern wiederholen.

Tägliche Routine

Ihr Kind fühlt sich sicher und geborgen, wenn es weiß, was passiert und wann es etwas zu erwarten hat. Ein strukturierter Tag liefert den Rahmen für Spiele und Experimente, die für Ihr Kind so wichtig sind. Regelmäßige Essens- und Schlafenszeiten minimieren außerdem das Risiko für zwei häufige Auslöser von Trotzanfällen.

Regelmäßige Mahlzeiten

Ein hungriges Kleinkind ist unberechenbar, mürrisch und unkooperativ. Regelmäßige Mahlzeiten strukturieren den Tagesablauf und sorgen dafür, dass Ihr Kind stets mit Energie versorgt wird und wahrscheinlich auch besser schläft.

Halten Sie sich nicht nur an feste Hauptmahlzeiten, sondern planen Sie auch regelmäßige Zwischenmahlzeiten ein. Ihr Kind hat einen sehr kleinen Magen, aber einen hohen Energieverbrauch. Da ist es ganz normal, dass es zwischendurch einen kleinen Snack benötigt. Dennoch sollten die Hauptmahlzeiten nicht ausfallen. Studien zeigen, dass Kleinkinder, die permanent nur Snacks erhalten, sich später eher ungesund ernähren.

Für die Zwischenmahlzeiten ist Gesundes wie Obst oder Reiswaffeln eine gute Wahl. Nehmen Sie sie, wenn möglich, am Tisch ein oder setzen Sie sich zumindest zusammen, ohne sich von anderen Dingen ablenken zu lassen. Sprechen Sie mit Ihrem Kind über das Essen, wie es riecht und schmeckt und welche Farbe es hat.

Schlafenszeit

Ein vorhersehbares, immer gleiches Ritual ist die beste Möglichkeit, abendlichen Kämpfen beim Zubettgehen und Schlafproblemen vorzubeugen. Das Ritual ist für Ihr Kind das Signal, dass der Tag – und damit die Spielzeit – zu Ende ist. Schläft Ihr Kind in der Nacht gut, besteht auch seltener die Gefahr, dass es tagsüber aus Übermüdung einen Trotzanfall erleidet.

Überlegen Sie sich, aus welchen Elementen das Bettgehritual bestehen könnte: ein Bad, eine Gutenachtgeschichte oder ein Schlaflied?

Mittagsschlaf

Viele Kinder halten bis zum dritten Lebensjahr einen Mittagsschlaf, manche auch länger. Wenn Ihr Kind dazugehört, sollte das Nickerchen als Teil der Alltagsroutine zu festen Zeiten stattfinden. Zeigt Ihr Kleines Anzeichen, dass es kein Schläfchen mehr braucht (etwa, wenn es im Bettchen spielt oder singt, statt zu schlafen), sollten Sie diese Zeit als »Ruhezeit« beibehalten. Planen Sie etwa eine Stunde ein, in der nur stille Aktivitäten erlaubt sind, sodass Ihr Kind für die Abenteuer des Nachmittags fit ist.

Tägliche Routine

Das Leben mit Kind kann chaotisch sein. Rituale schaffen Strukturen.

Gestalten Sie die Abfolge so einfach wie möglich, sodass sie leicht einzuhalten und auch von anderen Betreuungs- und Bezugspersonen durchführbar ist.

Planen Sie von Ihrer gewünschten Schlafenszeit aus rückwärts, um herauszufinden, wann Sie mit dem Bettgehritual beginnen müssen. Soll beispielsweise um 19 Uhr das Licht ausgehen, würden Sie um 18.30 Uhr mit der Gutenachtgeschichte beginnen und um 18 Uhr mit dem Baden. Eventuell können Sie schon gegen 17.30 Uhr die Vorhänge zuziehen und das Licht etwas dämpfen, sodass Ihr Kind noch eine halbe Stunde Zeit hat, bei einem weniger aktiven Spiel zur Ruhe zu kommen. Das gedämpfte Licht ist wichtig, denn dadurch wird das Schlafhormon Melatonin ausgeschüttet, das Ihr Kind müde macht. Am Morgen öffnen Sie fröhlich die Vorhänge und begrüßen mit Ihrem Kind einen neuen, aufregenden Tag.

Die Routine unterbrechen

Es gehört zum Leben dazu, dass sich Essens- oder Schlafenszeiten manchmal verschieben. Wenn Sie schon im Voraus wissen, dass das passieren wird, können Sie entsprechend vorsorgen, um die Auswirkungen auf Ihr Kind so gering wie möglich zu halten. Snacks sind hilfreich zur Überbrückung, wenn eine Mahlzeit später als gewohnt stattfinden wird. Wenn es am Abend zuvor spät wurde, planen Sie für den Tag danach keine großen Aktivitäten ein und rechnen Sie damit, dass Ihr Kind übellaunig oder trotzig ist. Solange solche Störungen der Routine die Ausnahme bleiben, kann Ihr Kind sie schnell und ohne Folgen verarbeiten.

Eine anregende Umgebung

Kleinkinder sind sehr aufgeschlossen. Sie wollen alles entdecken und erforschen. Einigen Psychologen zufolge haben Trotzanfälle seltener mit dem Durchsetzen des eigenen Willens zu tun, sondern sind die Folge von zu wenig Stimulation. Auf jeden Fall wird eine anregende Umgebung Ihr Kind glücklich und zufrieden machen.

Den Tag strukturieren

Feste Spielphasen machen genauso wie feste Essens- und Schlafenszeiten den Tagesablauf für Ihr Kind vorhersehbar. Um eine anregende Umgebung zu schaffen, sollten Sie darüber nachdenken, wie Sie die Vor- und Nachmittage so planen, dass alle wichtigen Spielbereiche (siehe unten) abgedeckt werden. Nutzen Sie zum Beispiel die morgendliche Energie Ihres Kindes, indem Sie körperliche Aktivitäten planen: auf dem Spielplatz, im Schwimmbad oder im Park. Ist Ihr Kind morgens am geselligsten, besuchen Sie mit ihm zu dieser Zeit eine Spiel- oder Musikgruppe oder lassen Sie es mit anderen Kindern spielen.

Spielerisch Probleme lösen

Spielsachen wie Puzzles, Formensortierer oder Bauklötze helfen Ihrem Kind, seine Problemlösefähigkeiten zu trainieren. Halten Sie viele Spiele bereit, an denen Ihr Kleines seine Fertigkeiten erproben und erweitern kann. Sie sollten eine kleine Herausforderung darstellen, die Ihr Kind bewältigen kann. Zu einfache Spiele langweilen es, zu schwierige dagegen können einen Trotzanfall auslösen. Orientieren Sie sich beim Aussuchen der Spiele am besten an den Vorlieben und Interessen Ihres Kindes.

Spielen für alle Sinne

Die Sinne Ihres Kindes wollen auf drei Arten angeregt werden: durch Problemlösen, durch kreatives und durch körperliches Spiel. Versuchen Sie jede Woche alle drei Bereiche in das gemeinsame Spielen einzubeziehen.

Eine anregende Umgebung

Kreativität entwickeln

Egal ob mit Glitzerkleber, Fingerfarben oder aufklebbaren Stickern: Ihr aufstrebender junger Künstler nutzt jede Gelegenheit, um für Sie (oder jeden anderen, der Interesse daran hat) ein Kunstwerk zu erschaffen. Falls Sie das kreative Chaos, das dabei entsteht, nicht mögen, können Sie daraus eine Outdoor-Aktivität machen oder Ihr Kind sich in einer Spielgruppe künstlerisch austoben lassen.

Sollte Ihr Kind keine große Neigung zum Basteln und Malen haben, kann es seine Kreativität hervorragend im Rollenspiel mit Puppen und Teddys ausleben, sich verkleiden, singen oder ein Instrument spielen.

Körperliche Aktivitäten

Im Schwimmbad, im Park oder auf dem Spielplatz kann sich Ihr Kind am allerbesten austoben, doch auch zu Hause ist vieles möglich. Lernen, wie man einen Ball hin und her rollt, ihn wirft und fängt, wie man die Knöpfe an Teddys Mantel auf- und zuknöpfen kann, oder ein Kissenberg, den es zu erklimmen gilt – mit solchen Aktivitäten entwickelt und trainiert Ihr Kind seine grob- und feinmotorischen Fähigkeiten.

Zeigen, wie es geht

Ohne Ihre Hilfe weiß Ihr Kind nicht, wie es spielen soll. Die Versuchung ist groß, die Spielsachen einfach hinzulegen und zu hoffen, dass Ihr Kleines sich schon irgendwie damit amüsieren wird. Tatsächlich müssen Sie ihm aber zumindest am Anfang zeigen, was es zu tun hat. Erst nach und nach und mit Ihnen an seiner Seite entwickelt es das Selbstvertrauen, Dinge selbst auszuprobieren. Falls Sie den Eindruck haben, dass Ihr Kind zu fordernd sei, fragen Sie sich, ob Sie ihm wirklich ausreichend ungeteilte Aufmerksamkeit schenken. Wenn nicht, planen Sie mehr Zeit dafür ein.

Lies mir etwas vor

Kinderpsychologen und Lehrer sind sich einig, dass zu einer geistig anregenden Umgebung unbedingt viel Zeit zum Vorlesen gehören sollte. Vorlesen regt nicht nur die Fantasie an, es fördert auch die frühe Lese- und Schreibfähigkeit. Lesen Sie so oft wie möglich vor (nicht nur vor dem Bettgehen), mit verstellter Stimme und wechselnder Mimik. Beschreiben Sie die Bilder und lassen Sie auch Ihr Kind erzählen, was es sieht. Bücher mit Kinderreimen machen Spaß, denn Ihr Kind wird die Reime nach einiger Zeit mitsprechen oder richtig beenden können – dafür wird es von Ihnen natürlich reichlich gelobt!

So fühlt sich Ihr Kind emotional geborgen

Sie haben Regeln aufgestellt, befolgen eine konsequente Routine und bieten Ihrem Kind reichlich Abwechslung mit Spielen und anderen Aktivitäten. Doch nichts ist so wichtig wie die emotionale Geborgenheit, die Sie ihm geben. Seit seiner Geburt kann es Ihre Stimmung an Ihrem Gesicht ablesen. Es fühlt, ob Sie glücklich, traurig, gestresst oder ärgerlich sind. Manche Psychologen glauben sogar, dass die Fähigkeit, die Gefühle der Mutter zu erkennen, schon im Bauch beginnt.

Vorbild sein

Freundlich und höflich zu sein, andere zu respektieren sowie auf Sicherheit und Hygiene zu achten sind nicht nur wichtige Prinzipien für die Kindererziehung, sondern auch die Grundlage für ein glückliches und gesundes Leben als Erwachsener. Ihr Kind lernt von Ihnen, also zeigen Sie ihm, dass Sie selbst ebenfalls die Regeln für akzeptables Verhalten kennen und beherzigen.

Sie sind auch sein größtes Vorbild, was den Umgang mit Gefühlen angeht. Wenn Sie es bei einem Trotzanfall mit freundlichen Worten, klaren Grenzen und einer Umarmung am Schluss begleiten, lernt es, dass Gelassenheit und Liebe stärker sind als Angst und Verwirrung und dass es sich in schwierigen Situationen besser fühlt, wenn es sich so rational verhält wie Sie.

Im Gleichklang

Die Forschung lehrt uns, dass die neuronalen Verbindungen, die das Gehirn eines Kindes zwischen Groß- und Kleinhirn aufbaut, bis zu seinem fünften oder sechsten Lebensjahr die emotionale Umgebung widerspiegeln, in der es aufwächst. Seine Fähigkeiten, Richtig und Falsch zu unterscheiden, mit Stress umzugehen und Empathie für andere zu zeigen, hängen davon ab, was es erlebt. Soziologisch betrachtet passt es sich dem Leben an, das es vorfindet, sodass es von seinem »Rudel« nicht verstoßen wird (siehe Seite 38).

Liebevolles Zuhause

Es ist wissenschaftlich bewiesen, dass bei Kindern, die in einer liebevollen Umgebung aufwachsen, weniger vom Stresshormon Cortisol, dafür umso mehr Opioide (natürliche Schmerzkiller) und Oxytocin (ein Glückshormon) ausgeschüttet werden. Kinder aus einem unglücklichen Umfeld versetzt ein hoher Cortisolspiegel in einen permanenten Alarmzustand. Das wirkt sich negativ auf die emotionale und soziale Entwicklung aus und erhöht das Risiko für Trotzanfälle.

So fühlt sich Ihr Kind emotional geborgen 49

Auf lange Sicht

Konsequente, bedingungslose Liebe ist das Fundament, auf dem Ihr Kind Sicherheit entwickelt. Es lernt die Bedürfnisse anderer zu verstehen und entwickelt sich zu einer freundlichen, warmherzigen Person. Es erfährt die Welt als schönen Ort voller Möglichkeiten und findet Wege, wie es Probleme meistern, Stress vermeiden und seine Energie in die richtigen Kanäle lenken kann. Ein von Liebe umgebenes Kind ist selten aggressiv und kann später leichter dauerhafte Beziehungen eingehen.

4

Ihre einzigartige Familie

Selbst in sehr eng verbundenen Gemeinschaften erleben keine zwei Familien dieselben Hochs und Tiefs oder reagieren in bestimmten Situationen genau auf dieselbe Weise. Auch die Beziehungen innerhalb einer Familie variieren: So kann Ihre Verbindung zu Ihrem Kind ganz anders sein als die Ihres Partners. Familien sind komplex, faszinierend und vor allem einzigartig. Dieses Kapitel beleuchtet, wie die Familiendynamik das Leben in der Familie formt. Es zeigt, wie sich Individualität fördern lässt und wie man problematische Beziehungen wieder in den Griff bekommen kann – denn all diese Elemente wirken sich auf den Umgang Ihres Kindes mit Stress und mit seinen Gefühlen aus.

Familiendynamik

Eltern sind oft überrascht, wenn ihre Kinder Eigenschaften an den Tag legen, die sie von sich selbst nicht kennen. Doch wie die Forschung belegt, geben wir zwar unsere Gene weiter, vermutlich aber keine Persönlichkeitsmerkmale. Diese entstehen durch unsere Bildung, frühe Erfahrungen, familiäre Ereignisse und die Werte der Eltern. Ihr Kind spiegelt also sowohl Ihre Werte und Kultur als auch die Ihres Partners. Das erfordert gegenseitigen Respekt und Kompromisse.

Familienhierarchie

Studien zeigen, dass in einem glücklichen Zuhause eine klare Struktur herrscht. Ganz oben stehen die Eltern, deren Bindung die stärkste ist. Das mag Eltern, die die Beziehung zu ihrem Kind über die Partnerbindung stellen, nicht einleuchtend erscheinen, doch Kinder jeden Alters müssen wissen, dass sie eine starke, einheitliche Führung haben. Auch in Familien mit nur einem Elternteil ist eine starke Führung wichtig. Sie gibt den Kindern ein Gefühl von Sicherheit und Geborgenheit.

Unterhalb der Beziehung zwischen den Partnern steht in der Hierarchie die Bindung zum Kind sowie – bei zwei oder mehreren Kindern – die Beziehungen der Geschwister untereinander.

Eltern und Kind

Die Bindung zwischen dem Kind und jedem seiner Elternteile kann unterschiedlicher Natur sein. Manchmal geraten die Familiendynamik und die Balance gefährlich ins Wanken, wenn das Kind zu einem der Elternteile eine besonders starke Bindung entwickelt – beispielsweise wenn Ihr Kind mit Ihnen ein Herz und eine Seele ist, mit dem anderen Elternteil jedoch ständig Konflikte austrägt. Spürt Ihr Kind, dass Sie eher auf seiner Seite stehen als auf der des Partners, wird es möglicherweise versuchen, Sie und Ihren Partner gegeneinander auszuspielen.

Familiendynamik

Gute Zuhörer

Aktuellen Forschungsergebnissen zufolge wird Ihr Kind mehr Selbstvertrauen und Empathie entwickeln, wenn es in der Familie seine eigenen Ansichten vertreten darf und diese auch mit Respekt behandelt werden.

Eine positive Familienhierarchie erfordert, dass Sie beide als Eltern eine gemeinsame Front bilden. Solange Sie dieselben Botschaften aussenden und sich gegenseitig in Ihren Entscheidungen unterstützen, wird Ihre Familiendynamik relativ frei von Disharmonien bleiben.

Rollenzuweisung

Vor allem wenn man noch nicht genau weiß, in welche Richtung sich ein Kind entwickelt, ist die Versuchung groß, ihm ein bestimmtes Etikett anzuheften. Vielleicht hatten Sie selbst Geschwister und erinnern sich an Ihre eigene Familiendynamik. Waren Sie sportlich, schüchtern oder draufgängerisch? Hatte das Auswirkungen auf spätere Entscheidungen in Ihrem Leben oder auf Ihre Vorlieben und Abneigungen? Haben Sie als Kind Ihre Rolle erfüllt, aber in späteren Jahren dagegen rebelliert? Studien ergaben, dass die Rollenzuweisung starken Einfluss auf die Eigenschaften haben kann, die wir als Kind zeigen. Damit prägt sie auch die Art, wie die Familienmitglieder miteinander umgehen und wie wir uns später als Erwachsene geben.

Drücken Sie Ihrem Kind also möglichst keinen Stempel auf. Korrigieren Sie sein Verhalten («Spielzeug wegnehmen ist ungezogen») und nicht seine Person («Du bist ungezogen»). Das gilt ebenso für das Loben. Wenn Sie Ihrem Kind ständig sagen, es sei lieb (oder sportlich oder höflich), wird es schnell herausfinden, dass es genauso gut auch böse (oder faul oder unhöflich) sein könnte. Ohne solche Etiketten oder Rollenzuweisungen hat jedes Kind die Chance, sich in alle möglichen Richtungen zu entfalten.

Geschwister

Zahlreiche Studien belegen, dass Kinder völlig unterschiedliche Persönlichkeiten werden können, obwohl sie dieselben Eltern haben und in derselben Umgebung aufwachsen. Manche Fachleute sind sogar der Ansicht, dass Geschwister sich nur marginal ähnlicher sind als Fremde. Das kann mit der Geburtenfolge zusammenhängen (ob Erst-, Zweit-, Drittgeborener oder gar Nesthäkchen) und mit dem jeweiligen Alter bei besonderen Familienereignissen. Ein Dreijähriger geht mit familiären Spannungen anders um als sein zehnjähriger Bruder.

Um die liebevolle Beziehung zwischen Geschwistern zu fördern, sollten Sie Liebe, Lob, Hilfe und Strafe stets gleichmäßig verteilen. Greifen Sie bei einem Streit nicht zu früh ein, sonst nehmen Sie Ihren Kindern die Möglichkeit, etwas über Kompromiss und Respekt zu lernen. Und bleiben Sie fair, wenn Sie es dennoch tun.

Natur oder Erziehung?

Wie wir bereits wissen, sind Trotzanfälle ein normaler Entwicklungsschritt im Leben eines jeden Kindes. Warum aber neigen manche Kinder mehr dazu als andere? Hat das etwas mit unterschiedlichen Erziehungsmethoden zu tun oder liegt dem etwas Tiefgreifenderes zugrunde? Ist es Veranlagung oder Erziehung, die bestimmt, ob Ihr Kind öfter oder seltener Trotzanfälle erleidet als die Kinder Ihrer Freunde?

Das Temperament

Traditionell herrscht die Meinung vor, dass größtenteils die Erziehung für die Häufigkeit, Stärke und Dauer von Trotzanfällen verantwortlich ist. Kinder ahmen das aggressive oder unberechenbare Verhalten der Eltern nach. Jüngere Studien stellen diese Ansicht jedoch infrage. Sie weisen nämlich darauf hin, dass der indivduelle Charakter und die genetische Veranlagung ebenfalls eine Rolle spielen bei der Neigung zu Trotzanfällen.

Der Einfluss der Erziehung

Neueste Untersuchungen der Universität von Montreal liefern genauere Hinweise darauf, wie das Zusammenwirken von Genen und Umwelt den Charakter prägt. Dazu wurde das Verhalten eineiiger und zweiiger Zwillinge von zwei bis vier Jahren beobachtet. Wie sich zeigte, lässt sich die genetische Veranlagung für Aggression durch den Einfluss von Eltern und Umgebung ein- oder ausschalten. Somit scheint die Stärke und Häufigkeit von Trotzanfällen zwar zunächst von den Genen bestimmt zu werden, wird dann aber von der Umwelt des Kindes beeinflusst. Das Fachgebiet, das sich damit befasst, heißt Epigenetik.

Natur oder Erziehung?

In Stein gemeißelt?

Neigt Ihr Kind zu heftigen und häufigen Trotzanfällen, kann Ihre Erziehung – also die Art und Weise, wie Sie mit den Anfällen umgehen – mit der Zeit das Verhalten des Kindes ändern. Es gibt also keinen Grund, warum sich ein wütender Zweijähriger nicht zu einem vernünftigen, freundlichen Fünfjährigen entwickeln sollte. Die Gene spielen zwar eine Rolle, aber Ihr Einfluss, Ihre Liebe, die Umgebung und wie Sie Ihrem Kleinen beibringen, mit Wut umzugehen, beeinflussen den Charakter Ihres Kindes enorm.

Rücksicht nehmen

Rücksichtnahme auf den Charakter des Kindes kann die Häufigkeit von Trotzanfällen reduzieren. Ein sehr aktives Kind braucht zum Beispiel viel Bewegung, um Frustrationen abzubauen (ein Auslöser für Trotzanfälle), während ein von Natur aus zurückhaltendes und schüchternes Kind eher einen Anfall bekommen wird, wenn Sie es zum Spielen zwingen, obwohl es lieber auf Ihrem Schoß sitzen möchte. Veranlagung und Erziehung sollten möglichst immer Hand in Hand gehen.

Jungen und Mädchen

Eine im Jahr 1990 in den USA durchgeführte Studie mit 800 Kindern von einem bis zwölf Jahren ergab, dass bei älteren Kindern die Jungen eher zu Trotzanfällen neigen als Mädchen. Außerdem wurden geschlechtsspezifische Auslöser für die Anfälle ermittelt. Bei Jungen waren es zum Beispiel das Gefühl, von den Eltern überbehütet zu werden, sowie Probleme in der Familie (vor allem zwischen den Eltern). Bei Mädchen führte fehlende Aufmerksamkeit häufig zu Anfällen.

Die Fachwelt ist sich einig, dass in dem Alter, in dem es am häufigsten zu Trotzanfällen kommt, also zwischen zwei und fünf Jahren, Jungen und Mädchen etwa gleich oft Anfälle erleiden. Bei jüngeren Kindern scheint das Geschlecht zudem weniger Einfluss auszuüben als die Charaktermerkmale.

Familienleben

Modernes Familienleben hat heutzutage viele Gesichter. Egal ob zwei Elternteile, alleinerziehend oder als Patchwork-Familie, ob beide Eltern berufstätig sind oder nur einer: Der Erziehungsstil sollte in jeder Familie immer positiv und von Akzeptanz geprägt sein.

Kind und Beruf

Über die Erziehung in den ersten Lebensjahren und deren positive Effekte für das Kind wird viel diskutiert. Jüngste Studien haben nun ergeben, dass es hinsichtlich des Verhaltens und der kognitiven Fähigkeiten keine messbaren Unterschiede zwischen den Kindern gibt, die mit einem Elternteil zu Hause bleiben, und denjenigen, die von jemand anderem betreut werden, weil die Eltern berufstätig sind. Das heißt: Solange die allgemeinen Richtlinien beachtet werden – viel Liebe und Aufmerksamkeit, Konsequenz, liebevoll gesetzte Grenzen und ein geregelter Tagesablauf –, gedeihen kleine Kinder sozial und emotional sehr gut.

Wählen Sie eine Kinderbetreuung mit einer anregenden Umgebung und einem ausgewogenen Verhältnis zwischen der Anzahl der Kinder und der Betreuungspersonen, sodass Ihr Kind genügend Zuwendung erhält.

Positive Rituale

Wenn Sie Ihr Kind von jemand anderem betreuen lassen, führen Sie ein fröhliches Abschiedsritual ein, sodass es den Abschied als Teil des Tagesablaufs betrachtet und mit angenehmen Erinnerungen verbindet. Bleibt Ihr Kind mit einer Kinderbetreuerin zu Hause, nehmen Sie möglichst noch das Frühstück gemeinsam ein. Gehen Sie nie, ohne sich zu verabschieden. Lächeln Sie Ihr Kind an, sagen Sie ihm, dass Sie bald zurück sein werden, und verlassen Sie dann ohne zu zögern den Raum.

Die Art, wie Sie Ihr Kind beim Wiedersehen begrüßen, wirkt sich auf sein Selbstwertgefühl aus. Zeigen Sie ihm, dass Sie sich freuen, umarmen Sie es und fragen Sie es, wie sein Tag war. Reagieren Sie begeistert auf seine Geschichten

Familienleben 57

oder das Kunstwerk, das es für Sie gemalt hat. So werden im Körper Ihres Kindes Glückshormone ausgeschüttet, wenn es merkt, dass Sie es vermisst haben und sich freuen, es wiederzusehen.

Qualität statt Quantität

Wenn Sie berufstätig sind, ist die Zeit mit Ihrem Kind begrenzter. Sicher möchten Sie sie möglichst sinnvoll und ohne Ablenkungen verbringen. Sollten Sie zwischen Arbeit und zu Hause eine kleine Pause zum Abschalten brauchen, gehen Sie kurz joggen oder für zehn Minuten in den Garten. Wird Ihr Kind zu Hause betreut, machen Sie einen Spaziergang um den Block, ehe Sie die Haustür aufschließen.

Kommen Sie bei Ihrem Kind an, schenken Sie ihm Ihre volle Aufmerksamkeit. Ihr Kind fühlt sich geliebt und geborgen, wenn Sie sich komplett auf es einlassen, sobald Sie zusammen sind.

Alleinerziehend

Ein kleines Kind braucht Beständigkeit und bedingungslose Liebe. Die kann es bei einem einzigen Elternteil genauso finden wie bei zweien. Abgesehen davon wird sich ein Kind bei einem glücklichen Elternteil wohler fühlen als bei Mutter und Vater, die unglücklich miteinander sind.

Untersuchungen ergaben, dass viele Alleinerziehende weniger stark auf die Einhaltung von Regeln bestehen als Eltern, die zusammen leben. Dafür scheint es zwei Gründe zu geben: Zum einen zweifeln Alleinerziehende ohne den Rückhalt eines anderen Erwachsenen ihre Entscheidungen öfter an. Zum anderen haben Alleinerziehende häufig das Gefühl, sie müssten das Fehlen des zweiten Elternteils durch Nachgiebigkeit ausgleichen.

Warum wohnen wir nicht alle zusammen?

Oft stellen Kinder erst dann die Frage, warum Mama und Papa nicht zusammen wohnen, wenn sie im Kindergarten feststellen, dass andere Kinder in Familien mit zwei Elternteilen leben. Ihre Antwort darauf sollten Sie mit dem Expartner absprechen. Halten Sie sie kurz und verwenden Sie Worte, die Ihr Kind versteht. Ersparen Sie ihm Details, stellen Sie weder sich noch den Ex in schlechtem Licht dar, aber bleiben Sie bei der Wahrheit. Vergessen Sie währenddessen nicht, beruhigend zu lächeln und Ihr Kind in den Arm zu nehmen.

Regeln und Grenzen sind jedoch wichtig, um dem Kind Geborgenheit und Sicherheit zu vermitteln. Zeigt Ihr Kind nach einer Trennung vom Partner verstärkt Trotzanfälle, betrachten Sie das als normale Reaktion: Es versucht einen Weg zu finden, mit der Situation umzugehen. Halten Sie dann unbedingt weiterhin an Ritualen, Regeln und Grenzen fest. Schenken Sie ihm Liebe und Zuwendung und lassen Sie auch den abwesenden Partner möglichst viel Zeit mit dem Kind verbringen.

Kümmern Sie sich aber auch um sich selbst. Suchen Sie praktische und seelische Unterstützung bei Familie und Freunden, schließen Sie sich örtlichen Gruppen oder Online-Communitys an. Sozialer Austausch ist unerlässlich für Ihr Wohlbefinden.

Wenn Eltern streiten

Wir wissen alle, wie wichtig es ist, ein Kind vor Stress zu schützen, damit sein Gehirn die wichtigen Verbindungen zwischen den verschiedenen Hirnregionen knüpfen kann. Es wäre jedoch unrealistisch zu glauben, dass Stress sich völlig vermeiden lässt. Aus Gründen wie Zeitmangel, finanziellen Verpflichtungen oder auch, weil man sich auseinandergelebt hat, kommt es zwischen den Eltern hin und wieder zu Spannungen. Es ist wichtig, die Auswirkung auf Ihre Kinder so gering wie möglich zu halten.

So wirkt sich Stress aus

Empfindet Ihr Kind Angst oder Wut, schüttet sein Körper Adrenalin und Cortisol aus. Diese Stresshormone bereiten es auf eine »Kampf-oder-Flucht«-Reaktion vor (siehe Seite 31). Dasselbe passiert auch in Ihrem Köper, wenn Sie gestresst sind. In kleinen Dosen schadet das Ihrem Kind nicht. Es hilft ihm sogar, seine Aufmerksamkeit zu bündeln und schnell auf seine Umgebung zu reagieren (was in Urzeiten lebensnotwendig war). Erlebt Ihr Kind den Stress jedoch über einen längeren Zeitraum, hört sein Gehirn auf, Verbindungen zu knüpfen, die ihm einen rationalen Umgang mit solchen Situationen erlauben würden. Stattdessen reagiert es weiterhin mit »animalischen« Instinkten.

Wie Studien belegen, gedeihen Kinder am besten in einer liebevollen Umgebung mit Respekt und Rücksichtnahme.

Die Kinder verschonen

Manchmal müssen starke Gefühle ausgelebt statt unterdrückt werden. Doch das kann für Ihr Kind sehr verwirrend sein. Halten Sie Ihr Kleines daher unbedingt aus schwierigen oder hitzigen Diskussionen heraus. Da es Ihre Gefühle lesen kann wie ein offenes Buch, erfordert es Ihr ganzes Können, die Atmosphäre zu Hause so liebevoll, entspannt und glücklich zu erhalten wie möglich – auch wenn das manchmal wehtut.

Neigen Sie und Ihr Partner dazu, sich im Streit anzuschreien, führen Sie Mechanismen ein, die das unterbinden. Denken Sie nach, bevor Sie sprechen (oder schreien). Zählen Sie bis zehn und atmen Sie tief durch. Legen Sie gemeinsam ein Wort fest, mit der sich die Streitsituation unterbrechen lässt, sodass Sie sich beide eine Pause gönnen können. Suchen Sie eine Eheberatung auf und lassen Sie sich dort Strategien beibringen, die die Kommunikation zwischen Ihnen verbessern können.

Respektvoll und höflich

Vereinbaren Sie, dass Sie sich mit Höflichkeit und Respekt behandeln, wenn Sie als Familie zusammen sind. Schreiben Sie die Familienregeln auf ein Blatt Papier (siehe Seite 40–43) und hängen Sie es so auf, dass jeder es sehen kann. Denken Sie immer daran, mit gutem Beispiel voranzugehen, wenn Sie möchten, dass Ihr Kind sich ebenfalls an die Regeln hält. Es ist durchaus möglich, dass sich aus Ihren Bemühungen, als Familie freundlich miteinander umzugehen, im Lauf der Zeit eine Gewohnheit entwickelt, die sich auch positiv auf Ihren Umgang miteinander auswirkt, wenn Sie als Paar alleine sind.

Die Beziehung nicht vernachlässigen

Damit die Familie funktioniert, muss die Beziehung zwischen Ihnen und Ihrem Partner am stärksten sein (siehe Seite 52). Viele Eltern sind vom Alltag so in Anspruch genommen, dass für den Partner nicht viel Zeit bleibt. Verabreden Sie sich einmal im Monat (oder öfter) zu einem Abend, der nur Ihnen beiden alleine gehört. Sprechen Sie dann nicht über die Kinder, sondern nur über sich selbst. Unternehmen Sie etwas, das die Konversation fördert, wie ein Spaziergang im Park, ein Essen im Restaurant oder der Besuch einer Ausstellung.

Kleine Zeichen der Zuneigung – ein Zettel in der Tasche mit »Ich liebe dich«, Frühstück ans Bett am Sonntagmorgen, ein unerwarteter Anruf mitten am Tag – erinnern Sie beide daran, warum Sie zusammen sind und wie sehr Sie die Gesellschaft des anderen genießen.

5

Mit Trotzanfällen umgehen

Bisher haben wir betrachtet, in welcher Weise die Erziehung und die emotionale Umgebung Ihres Kindes dazu beitragen, das Auftreten seiner Trotzanfälle zu minimieren. Jetzt geht es darum, wie Sie sich am besten bei einem Anfall verhalten – der unvermeidlich auftreten wird. Die Tipps in diesem Kapitel zeigen Ihnen, wie Sie Ihr Kind schnell wieder beruhigen können und was während eines Anfalls nicht funktioniert. Dabei ist es für Ihr Kind äußerst wichtig zu sehen, dass Sie Verantwortung für Ihr Handeln übernehmen: dass Sie zugeben, wenn Sie etwas falsch gemacht haben, und sich entschuldigen. Und es lernt, dass es für die Harmonie in der Familie ebenso bedeutsam ist, einander zu vergeben.

Loben wirkt Wunder

Ihr Kind möchte Ihnen gefallen. Wenn es ihm gelingt, steigt sein Selbstwertgefühl und es wiederholt das Verhalten, für das es gelobt wurde. Studien zeigen, dass Kinder mit hohem Selbstwertgefühl seltener Trotzanfälle haben.

Richtig loben

Obwohl jede Art des Lobes für Ihr Kind gut ist, ergab 2013 eine Studie der Universität Chicago, dass spezifiziertes Lob, durch das Ihr Kind genau erfährt, welche seiner Handlungen Sie erfreut, einen wesentlich stärkeren Effekt hat als ein einfaches »Gut gemacht!«. Teilt Ihr Kind also zum Beispiel sein Spielzeug freiwillig mit einem Spielkameraden, sollten Sie es nicht bei einem einfachen »Braves Kind!« belassen. Sagen Sie ihm stattdessen: »Mir gefällt es richtig gut, dass du deinem Freund dein Spielzeug gegeben hast. Du hast es ganz großartig mit ihm geteilt!« Mag es beim Mittagessen das Gemüse nicht, isst es dann aber widerspruchslos am Abend auf, ist ein »Ich bin so stolz auf dich, dass du alles Gemüse aufgegessen hast. Das wird dich richtig stark machen!« angebracht.

> *Zeigen Sie Ihre Freude, wenn Ihr Kind etwas richtig gemacht hat.*

Die Studie zeigte auch, dass kleine Kinder, die auf diese Weise gelobt werden, seltener frustriert reagieren, wenn sie mit einer Herausforderung konfrontiert sind. Mit sieben oder acht Jahren waren sie schon ziemlich gute Problemlöser mit hoher Ausdauer und geringem Frustrationslevel.

Kontinuierliches, spezifiziertes und positives Lob scheint Kinder also nicht nur zu lehren, dass sie fähig sind, eine Lösung zu finden, sondern auch, dass die Lösung durch stetiges Bemühen erreichbar ist. Das wiederum reduziert die Anspannung, unter der ein Kind steht, wenn es

Belohnungssystem

Die Aussicht auf eine Belohnung wie zum Beispiel ein Sticker fürs Album oder neue Murmeln für die Sammlung ist für Kinder eine große Motivation.

Überlegen Sie, welches Verhalten Sie bestärken möchten – freundlich und hilfsbereit zu sein, »Bitte« und »Danke« zu sagen, die Hände zu waschen und so weiter –, und legen Sie eine einfache Tabelle an. Der Weg zum Ziel wird mit Bildern zum Ausmalen oder Stickern markiert. Dabei muss das Ziel erreichbar sein, sonst verliert Ihr Kind die Motivation. Hat Ihr Kind eine Reihe mit Stickern gefüllt, bekommt es eine Belohnung – und am besten auch das Lob der restlichen Familie, sodass es sieht, dass alle seine Bemühungen schätzen.

Loben wirkt Wunder

mit etwas Neuem oder Unerwartetem konfrontiert wird – und damit auch die Wahrscheinlichkeit, einen Trotzanfall zu erleiden.

Vergessen Sie aber nicht, dass die Aufmerksamkeitsspanne Ihres Kindes sehr begrenzt ist. Es vergisst schnell etwas, was es kurz zuvor getan hat. Wenn Sie es also für etwas loben möchten, dann tun Sie das möglichst sofort!

Immer positiv bleiben

Es heißt, Eltern würden auch gute Politiker abgeben: Sie sind hartnäckig im Verhandeln, leidenschaftlich bei der Sache und können auch die schlimmsten Situationen noch irgendwie positiv darstellen. Erwachsene fühlen sich manchmal hinters Licht geführt, aber ein kleines Kind profitiert davon, wenn Sie Ihre Kritik an seinem Verhalten positiv formulieren. Nimmt es zum Beispiel zum Essen die Finger, obwohl es die Gabel benutzen sollte, sagen Sie nicht: »Nimm nicht die Finger«, sondern: »Freut mich, dass dir dein Essen schmeckt. Wollen wir mal sehen, ob du es auch mit der Gabel essen kannst.« Dadurch wird Ihr Kind nicht demoralisiert, sondern motiviert, Ihnen weiterhin zu gefallen.

Das Gute loben, das Schlechte ignorieren

Fällt Ihnen momentan keine positive Formulierung ein, nehmen Sie das als persönliches Mantra. Ihr Kind will Ihre Zuwendung. Wenn Sie sie ihm für korrektes Verhalten gewähren, wird es dieses Verhalten immer wieder wiederholen. Aber Achtung: Unwillkommenes Verhalten zu ignorieren bedeutet nicht, Ihr Kind zu ignorieren. Dasselbe gilt für Regeln und Grenzen, die Sie gesetzt haben (siehe Seite 40–43), zum Beispiel wenn Ihr Kind sich einer anderen Person gegenüber (egal welchen Alters) aggressiv verhält oder etwas tut, das seine Sicherheit gefährdet. Nichtsdestotrotz wird es sich überlegen, ob es seinen Teller mit Essen ein zweites Mal auf den Boden werfen möchte, wenn die einzige Reaktion, die es dafür von Ihnen erhält, darin besteht, dass Sie über irgendetwas ganz anderes zu reden beginnen.

Die Kunst der Ablenkung

Kleine Kinder haben eine kurze Aufmerksamkeitsspanne. Sie springen im Nu von einer Handlung oder Emotion zur nächsten. Das macht es zwar oft schwer, ihnen zu folgen, aber dafür kann man einen nahenden Trotzanfall verhindern, sofern er rechtzeitig erkannt wird (siehe Kasten rechts). Hier sind ein paar Tipps, wie Sie Ihr Kind ablenken können, bevor die Emotionen überhandnehmen.

Schau mal dort!

Zeigen Sie auf etwas Neues oder Interessantes. Kleine Kinder sind von Natur aus neugierig. Sobald man ihnen etwas zu untersuchen gibt, sind sie Feuer und Flamme und die schlechte Laune ist vergessen.

»Wow, hast du das Flugzeug gesehen?« oder »Sieh dir den Traktor an, der ist ja riesig!« oder »Schau, da oben im Baum sitzt ein Vogel!« – egal wie trivial die Sache ist, mit der Sie Ihr Kind ablenken wollen: Versuchen Sie sie so interessant und aufregend darzustellen wie möglich. Im Notfall erfinden Sie etwas. Zwar entspricht es nicht ganz den Regeln, so zu tun, als ob ein Löwe in den Gängen des Supermarktes herumschleicht, aber um einen drohenden Trotzanfall in aller Öffentlichkeit abzuwenden, heiligt der Zweck die Mittel.

Rechtzeitiges Eingreifen kann Ihr Kind vor einem drohenden Trotzanfall bewahren.

Ist das nicht lustig?

Nichts hilft besser, einen Trotzanfall abzuwenden, als Lachen. Kleine Kinder haben einen wunderbaren, unschuldigen und leicht anzusprechenden Sinn für Humor. Stößt Ihr Kind Sie wütend an, sagen Sie fröhlich: »Hast du mich gerade gekitzelt? Das kriegst du jetzt zurück!« Und dann kitzeln und küssen Sie Ihr Kind, bis es selbst lachen muss. Oder geben Sie vor, dass Ihnen der Teddy aus der Hand hüpft: »Dummer Bär, warum hüpfst du denn auf den Boden?« Wenn Sie ihn aufheben, tun Sie so, als ob er Ihnen wieder davonhüpft. Jonglieren Sie mit Äpfen, halten Sie sich ein Kissen vors Gesicht und präsentieren

Die Kunst der Ablenkung

Früh genug handeln

Meistens macht sich ein Trotzanfall durch bestimmte Vorzeichen bemerkbar, etwa Rückzug, Verweigerung oder Wegstoßen von Personen oder Dingen. Wenn Sie diese rechtzeitig erkennen, haben Sie eine kleine Chance, den Anfall noch abzuwenden. Verpassen Sie den richtigen Moment und der Anfall beginnt, ist es zum Ablenken zu spät. Dennoch ist die Ablenkung ein wirksames Mittel, sofern sie zum richtigen Zeitpunkt eingesetzt wird.

Sie jedes Mal eine andere Grimasse, wenn Sie es wegziehen. Tun Sie alles, um Ihr Kind zum Lachen zu bringen. Dadurch wird es nicht nur abgelenkt, sondern die Stresshormone in seinem Körper werden von Glückshormonen verdrängt.

Lass uns spielen!

Wenn Sie spüren, dass ein Trotzanfall im Anzug ist, lenken Sie Ihr Kind sofort mit Unterhaltung ab. Bauen Sie aus Töpfen und Holzlöffeln ein Schlagzeug, packen Sie sein Lieblingspuzzle aus, verstecken Sie eine Münze unter einer von drei Tassen (wenn keine Tassen da sind, nehmen Sie Ihre Hände) und lassen Sie es raten, wo die Münze ist. Egal wie sehr Sie improvisieren müssen, Ihr Kind wird sich immer darüber freuen, Ihre ungeteilte Aufmerksamkeit zu erhalten. Dieser unerwartete Moment der Nähe kann bewirken, dass Frust, Wut oder Angst verschwinden.

Dem Anfall davonrennen

Diese letzte Strategie eignet sich für ältere Kinder mit einem besser entwickelten Selbstverständnis. Sie zeigt ihm, wie es seine negativen Gefühle in körperliche Aktivität umwandeln kann.

Trotzanfälle sind die Reaktion des Körpers auf Stress. Das heißt, Energie wird in die Muskeln geleitet, um uns auf Kampf oder Flucht vorzubereiten. Setzen wir die Energie frei, baut sich der Stress ab. Droht ein Trotzanfall, könnten Sie also zu Ihrem Kind sagen: »Ich sehe, du bist richtig wütend. Lass uns ganz schnell auf der Stelle laufen, damit die Wut verschwindet.« Bringen Sie dabei etwas Humor ins Spiel, indem Sie so tun, als seien Sie schon vor Ihrem Kind vom Laufen völlig erschöpft. Es wird ihm gefallen, wenn es Sie dabei übertrumpfen kann. Falls es gerade nicht möglich ist, auf der Stelle zu laufen, versuchen Sie stattdessen, so schnell es geht in die Hände zu klatschen.

Wenn der Anfall da ist

Sie können sich noch so sehr bemühen, Trotzanfälle zu verhindern – im Kleinkindalter sind sie manchmal unvermeidlich. Deshalb sollten Sie nicht nur wissen, wie Sie die Häufigkeit ihres Auftretens einschränken, sondern auch, wie Sie am besten reagieren, wenn Ihr Kind einen Anfall hat.

Die Ursachen

Machen Sie sich zunächst wieder bewusst, was ein Trotzanfall eigentlich ist (siehe Seite 30–33). Ein Trotzanfall ist der Ausdruck intensiver, verwirrender und überwältigender negativer Gefühle, meistens Angst, Trauer, Wut oder Frust: Er ist ein unkontrollierter emotionaler Ausbruch, bei dem die primitiven Gehirnbereiche die höher entwickelten Regionen, die für Vernunft und Logik zuständig sind, einfach »überrennen«. Ein Trotzanfall ist ein normales Symptom für die Verwirrung und Angst eines kleinen Kindes, hat jedoch nichts mit einem ungezogenen oder »bösen« Kind zu tun. Der Anfall ist nur ein Zeichen dafür, dass etwas nicht in Ordnung ist, und stellt nicht selbst die Unordnung dar. Das sollten Eltern wissen, denn ihre Rolle ist es, die Ursache des Anfalls zu finden und zu beseitigen – so wie sie Medizin gegen Halsweh geben oder dem Kind das Knie reiben, wenn es sich gestoßen hat.

Ihr Verhalten ist entscheidend

Ist Ihr Kind erst einmal in einem Trotzanfall gefangen, hat es keine Kontrolle mehr über sich selbst. Es sitzt sozusagen in einer Achterbahn der Gefühle, die es hilflos hin und her schleudert. Ihre Aufgabe ist es in diesem Moment, Ihrem Kind durch Ihr Verhalten eine Art »Sicherheitsgurt« zu bieten, der es während der Fahrt im Sitz festhält und verhindert, dass ihm irgendetwas zustößt. Tatsächlich drückt der Anfall den verzweifelten Wunsch Ihres Kindes nach einer Sicherheit aus, die nur Sie ihm bieten können. Daher dürfen Sie – zumindest nach außen hin – unter keinen Umständen die Ruhe verlieren, egal wie anstrengend, frustrierend, unvernünftig oder ärgerlich das Verhalten Ihres Kindes auch sein mag:

- Erheben Sie nicht die Stimme.
- Handeln Sie freundlich und liebevoll.
- Halten Sie an Ihren Regeln und Grenzen fest (siehe Seite 40–43).

- Lassen Sie sich möglichst nicht auf Verhandlungen ein (siehe Seite 70–71).
- Zeigen Sie nicht, dass Sie wütend sind.
- Geben Sie nie nach, denn Nachgeben bedeutet für Ihr Kind, dass die Person, die stark sein sollte, eigentlich schwach ist (was es zusätzlich verwirrt).
- Seien Sie nicht nachtragend. Wenn der Anfall vorbei ist, gehen Sie einfach wieder zur Tagesordnung über, ohne Ihr Kind zu schelten.

Diese Anweisungen sind für jede Art von Trotzanfall gültig (siehe Seite 32–33), denn Ihre eigene Selbstkontrolle demonstriert die Haltung, die Ihr Kind wieder zur Ruhe bringt. Allerdings gibt es ein paar besondere Maßnahmen, die Sie ergreifen können, je nachdem, ob es sich um einen Wut- oder einen Stressanfall handelt.

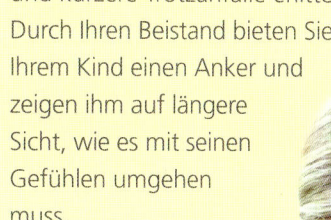

Ein Beispiel geben

Manche Eltern befürchten, ihr Kind werde nur lernen, dass es mit einem Anfall Aufmerksamkeit erlangen kann, wenn sie sofort darauf reagieren. Studien zeigen aber, dass Kinder, deren Eltern freundlich und mitfühlend auf Stressanfälle reagierten, immer seltener und kürzere Trotzanfälle erlitten. Durch Ihren Beistand bieten Sie Ihrem Kind einen Anker und zeigen ihm auf längere Sicht, wie es mit seinen Gefühlen umgehen muss.

> *Sie sind der Anker, an dem sich Ihr Kind während des Sturms festhalten kann.*

Taktiken beim Stressanfall

Der Stressanfall resultiert aus der Unreife des Gehirns und dem Mangel an emotionaler Intelligenz. Um Ihrem Kind beim Umgang mit seinen Emotionen zu helfen, müssen Sie herausfinden, wie es ihm geht, und ihm die Aufmerksamkeit schenken, die es benötigt, um wieder zur Ruhe zu kommen.

Zeigen Sie ihm sofort, dass Sie ihm zur Seite stehen. Betrachten Sie sich selbst als Verbündeten Ihres Kindes im Kampf gegen den Anfall. Demonstrieren Sie Ihr Mitgefühl eher durch Taten als durch Worte.

Zurückhaltung

Bei manchen Kindern verschlimmert Körperkontakt den Trotzanfall. Wenn Sie das auch bei Ihrem Kind beobachten, zwingen Sie es nicht dazu. Bleiben Sie lediglich in seiner Nähe und passen Sie auf, dass es sich nicht wehtut.

So können Sie Ihr Kind zum Beispiel hochnehmen und festhalten, um ihm ein Gefühl von Sicherheit zu geben. Geht das nicht, streicheln Sie seinen Rücken, sein Haar oder seine Wange. Oder halten Sie sanft seine Arme fest. Jede Art von Körperkontakt ist erlaubt, der Ihrem Kind guttut (und den es akzeptiert).

Sobald es sich wieder beruhigt hat, versuchen Sie zu ergründen, worum es bei dem Anfall ging. Ist Ihr Kind noch zu klein, um sich durch Worte auszudrücken, machen Sie ihm Vorschläge wie: »Warst du wütend, weil dein Bauklotzturm immer wieder umfiel?« oder »Warst du traurig, weil Mama kurz in die Küche gegangen ist?« Ein kleines Kind versteht meist viel mehr, als es sagen kann. Es wird nicken oder den Kopf schütteln, bis Sie die Lösung gefunden haben. Danach können Sie ihm helfen, seine Gefühle zu verstehen und zu verarbeiten (siehe Seite 72–73).

Hüpft Ihr Kind lediglich von Ihrem Schoß und will einfach weiterspielen, als wäre nichts geschehen, ist das ebenfalls in Ordnung. Wichtig ist nur, dass Sie auf seinen Anfall sofort und positiv reagiert haben. Durch Ihr Mitgefühl und Ihre Gelassenheit haben Sie ihm geholfen, sich wieder zu beruhigen.

Taktiken bei Wutanfällen

Generell ist es leichter, bei einem Stressanfall Ruhe zu bewahren, als angesichts eines vor Wut schreienden, tretenden und um sich schlagenden Kindes. Trotzdem gelten auch hier für Eltern dieselben Richtlinien wie für Stressanfälle: Kontrollieren

Sie Ihre eigenen Gefühle und halten Sie an den Familienregeln fest. Geben Sie den Forderungen Ihres Kindes nicht nach. Im Gegensatz zum Stressanfall sollten Sie sich jedoch bei einem Wutanfall nicht allzu sehr engagieren. Denken Sie daran, dass es sich dabei um einen Machtkampf handelt. Zeigen Sie Ihrem Kind, dass man mächtiger ist, wenn man ruhig und gelassen bleibt.

Ihr Kind muss wissen, dass es bei Ihnen in Sicherheit ist, wenn es zu Ihnen kommt.

Es ist gut, ein paar Sätze auf Lager zu haben, die Ihnen helfen, ruhig zu bleiben. Einer davon wäre »Ich habe dich lieb«. Er erinnert Sie daran, auch im Augenblick des Sturms immer freundlich und liebevoll zu bleiben, und er wirkt beruhigend auf Ihr Kind. Sagen Sie zum Beispiel: »Ich habe dich sehr lieb. Wir sprechen über deine Gefühle, wenn du dich wieder beruhigt hast. Solange du so wütend bist, kann ich aber leider nicht mit dir reden.« Danach sagen Sie tatsächlich nichts mehr, bleiben jedoch in der Nähe, bis der Anfall von selbst abklingt.

In der Nähe zu bleiben ist sehr wichtig. Wutanfälle sind der totale Verlust jeder geistigen und körperlichen Kontrolle. Das kann auch älteren Kindern große Angst machen. Sind Sie dann nicht da, erlebt Ihr Kind zusätzlich noch Emotionen wie Angst, Isolation und Verlassenheit. Das verschlimmert nicht nur den derzeitigen Anfall, sondern erhöht auch die Wahrscheinlichkeit für weitere Anfälle in der Zukunft.

Auszeit

Manche Eltern empfinden eine »Auszeit« an einem bestimmten Ort als effektive Maßnahme zur Disziplinierung. Doch eignet sie sich auch bei Trotzanfällen? Für Stressanfälle ist die Auszeit ungeeignet, bei einem heftigen Wutanfall kann sie aber als letzter Ausweg Ihrem Kind ebenso wie Ihnen dabei helfen, sich wieder zu beruhigen.

Sprechen Sie zuerst eine Warnung aus. Geht der Anfall weiter, nehmen Sie Ihr Kind hoch (wenn das geht) und bringen Sie es an einen bestimmten Ort, etwa eine Treppe oder ein Zimmer (als letzte Maßnahme). Bleiben Sie in der Nähe und sagen Sie: »Du brauchst jetzt eine Auszeit, aber wenn du dich beruhigt hast, reden wir.«

Die Dauer der Auszeit sollte altersgemäß sein. Als Faustregel gilt eine Minute pro Lebensjahr des Kindes. Hält es die Zeit nicht ein, bringen Sie es ruhig und ohne zu sprechen wieder zurück. Ist die Zeit um und es hat sich beruhigt, umarmen Sie Ihr Kind und loben es, dass es wieder ruhig ist. Besprechen Sie mit ihm, was los war und wie sich eine ähnliche Situation in Zukunft vermeiden lässt.

Nutzen Sie die Auszeit nur in Ausnahmesituationen, sonst kann sich Ihr Kleines ausgeschlossen fühlen. Geht es allzu bereitwillig in sein Zimmer und will es nach Ablauf der Zeit nicht herauskommen, prüfen Sie, ob Sie es mit der Auszeit nicht übertrieben haben.

Warum Vernunft und Verhandeln nicht helfen

Vom Geschäftsabschluss bis zum Urlaubsziel: Als Erwachsene sind wir tägliches Verhandeln gewohnt. Warum aber funktioniert das nicht bei einem Kleinkind am Rande oder in den Fängen eines Trotzanfalls? Warum ist vernünftiges Argumentieren in dieser Situation nicht möglich?

Um zu verstehen, warum manchmal einfach nicht die Zeit für Worte ist, muss man wissen, wie das Gehirn eines Kindes mit starken Gefühlen und hohem Stress umgeht.

Gut verdrahtet

Zwischen dem primitiven Hirnstamm (dem ältesten Teil des Gehirns) und dem hoch entwickelten Großhirn, dem wir Logik und Vernunft verdanken (siehe Seite 11), liegt ein Bereich, der für Emotionen und Empathie zuständig ist (und uns zu tollen Eltern, treuen Freunden oder guten Zuhörern macht). Dieser Teil ist das limbische System. Fühlt sich ein Kleinkind geborgen, ist sein limbisches System im Gleichgewicht und das Großhirn bildet Verbindungen, die Lernen, Denken und den Verstand fördern. In hochemotionalen Situationen übersteuert jedoch das limbische System, es sendet Paniksignale an das Stammhirn (das den Kampf-oder-Flucht-Reflex auslöst) und blockiert alle höheren Gehirnregionen. Solange das limbische System die Kontrolle hat, ist weder Reden noch Verhandeln möglich.

Vernunft und Verhandeln? 71

Lohnt sich der Streit wirklich?

Die Fähigkeit Ihres Kindes zum vernünftigen Entscheiden, ob eine Sache es wert ist, darum zu streiten, entwickelt sich, indem es Sie beobachtet und nachahmt. Durch Sie lernt es etwa, dass Regeln, die seine Sicherheit betreffen, nicht verhandelbar sind, andere dagegen schon. Soll Ihr Kind Vernunft lernen, müssen Sie also selbst vernünftig sein: Muss wirklich über alles gestritten werden? Auf dem Teppich wurde Wasser verschüttet? Es ist nur Wasser. Ihr Kind will im Sommer eine Jacke tragen? Es kann sie ausziehen, wenn ihm zu warm wird. Zeigen Sie, dass Regeln situationsabhängig gelockert, aber nicht aufgehoben werden können.

Die richtige Zeit für Worte

Fragen oder Vorschläge während eines Trotzanfalls verlängern ihn nur und schüren die Wut Ihres Kindes. Denken Sie daran, dass es zu diesem Zeitpunkt von Gefühlen übermannt wird und nicht vernünftig reagieren kann. Zeigen Sie ihm Ihre Liebe und Ihr Mitgefühl durch Handlungen und durch Ihre Anwesenheit, aber sparen Sie sich Ihre Worte auf, bis Ihr Kind wieder zuhören kann.

Über Gefühle sprechen

Psychologen glauben, dass Kinder, die in jungen Jahren wenig oder kein emotionales »Coaching« hatten, als Erwachsene zu gewalttätigem Verhalten neigen. Ein Trotzanfall klingt zwar von selbst ab, aber wenn Sie Ihrem Kind helfen, die Gefühle zu verstehen, die er ausgelöst hat, kann es zu einem liebevollen und emotional intelligenten Erwachsenen heranwachsen.

Der richtige Zeitpunkt

Die Emotionen während eines Trotzanfalls sind vergleichbar mit einer Welle. Sie bauen sich auf, wenn der Anfall in Gang kommt, erreichen ihren Höhepunkt mit dem vollständigen Verlust jeglicher Vernunft und brechen sich, wenn das Kind allmählich die Kontrolle zurückerlangt. Wir wissen inzwischen, dass es sinnlos ist, während des Höhepunkts mit dem Kind sprechen zu wollen (siehe Seite 70–71). Warten Sie also besser, bis der Anfall vorüber ist. Etwas über Emotionen im Allgemeinen zu erfahren hilft Ihrem Kind übrigens auch, seine Gefühlswelt besser zu verstehen.

Gefühle spielerisch erforschen

Jedes Spiel bringt Ihrem Kind etwas bei. Durch ein Puzzle lernt es, logisch zu denken. Ein Sortierspiel trainiert sein Gedächtnis. Beim Versteckspielen erfährt es, dass Personen noch da sind, selbst wenn man sie nicht sieht. Auch das Erkennen von Gefühlen können Sie zu einem Spiel machen. Im Kasten rechts finden Sie ein paar Tipps und Ideen, wie Sie gemeinsam (und fern von jeder emotional aufgeladenen Situation) spielerisch die Welt der Gefühle erkunden können.

Mit Worten aushelfen

Zwischen einem und drei Jahren verstehen Kinder bereits weitaus mehr, als sie selbst in Worten ausdrücken können. Aus diesem Grund kann es Ihrem Kind helfen, wenn Sie es beim Benennen seiner Gefühle unterstützen. Sagen Sie zum Beispiel: »Du warst bestimmt wütend, weil deine Schwester dein Spielzeugauto genommen hat, nicht wahr?« oder: »Du warst traurig, als

Papa heute Morgen zur Arbeit gehen musste, stimmt's?«

Zeigen Sie ihm, dass Gefühle komplex und sogar widersprüchlich sein können: »Ich weiß, dass du Angst hattest, als wir zum Schwimmunterricht gegangen sind, aber dich auch darauf gefreut hast.« Jedes Mal, wenn Sie die Emotionen Ihres Kindes so in Worte fassen, verbessern Sie sein Gefühlsvokabular.

Zeichen und Signale

Gefühle lassen sich auch durch einfache Handzeichen ausdrücken. Das ist besonders hilfreich, wenn das Kind noch zu klein zum Sprechen ist. Ein hochgehaltener Daumen kann etwa für glücklich stehen, der Daumen nach unten für traurig, eine geballte Faust für wütend und das Wedeln mit der Hand für ängstlich. Nehmen Sie Handzeichen, die Ihnen natürlich erscheinen. Jedes Mal, wenn Sie ein Gefühl benennen, verwenden Sie gleichzeitig das entsprechende Signal.

> *Das Erforschen seiner Gefühle hilft Ihrem Kind, mit ihnen umzugehen.*

Älteren Kindern gelingt es dann vielleicht, ihre Emotionen durch Signale anzuzeigen, bevor sie von ihnen übermannt werden. Bemalen Sie etwa einen Stein mit einem frohen und einen mit einem traurigen Gesicht und bewahren Sie beide leicht zugänglich auf, sodass Ihr Kind Ihnen je nach Gefühlslage den passenden Stein in die Hand geben kann. Reagieren Sie sofort darauf, indem Sie es fragen, warum es sich so fühlt, und helfen Sie ihm dann, eine Lösung zu finden.

Ich fühle mich …

Hier sind ein paar Vorschläge, wie Ihr Kind durch Bilder und Worte erfahren und ausdrücken kann, wie Gefühle »aussehen«.

- **Malen Sie auf ein Blatt Papier** eine umgekehrte Ei-Form mit Ohren, einer Nase, Augen und Haaren. Bitten Sie Ihr Kind, das Gesicht glücklich aussehen zu lassen, indem es einen Mund, Augenbrauen und was ihm sonst noch gefällt, aufmalt. Bei kleineren Kindern können Sie das Zeichnen übernehmen. Hören Sie dabei aber nicht auf, über das Gefühl zu sprechen. Tun Sie dasselbe für traurige, wütende und ängstliche Stimmungen.

- **Schneiden Sie Kreise** aus Papier aus und kleben Sie sie an Strohhalme. Sie können noch Haare aus Wolle hinzufügen. Aus einem anderen Papier schneiden Sie Münder, Augen, Nasen und Augenbrauen. Kleben Sie diese dann gemeinsam auf die Gesichter, sodass sie verschiedene Emotionen darstellen. Denken Sie sich eine Geschichte über Gefühle aus, die Sie und Ihr Kind mit den Figuren spielen können.

- **Kleinere Kinder** lieben das Spiel »Kuckuck«. Halten Sie sich ein Tuch vors Gesicht und zeigen Sie jedes Mal einen anderen Gesichtsausdruck, wenn Sie es wegziehen. Sagen Sie: »Ich bin froh« und tauchen Sie lächelnd auf, oder: »Ich bin wütend« und kneifen Sie die Augen zusammen. Lassen Sie auch Ihr Kind an die Reihe kommen.

Lösungen finden

Je mehr sich die Gehirnregionen Ihres Kindes miteinander verknüpfen, desto leichter kann es seine Gefühle rechtzeitig erkennen und Lösungen für Probleme finden, bevor Frustration, Wut oder Angst überhandnehmen.

Realistische Sicht

Es wird noch etliche Male zu Trotzanfällen kommen, ehe Ihr Kind anfängt, Probleme mit dem Verstand zu lösen, anstatt seinen Emotionen nachzugeben. Mit Ihrer Hilfe wird es ihm jedoch umso früher gelingen.

Beobachten und anleiten

Erliegen Sie nicht der Versuchung zu glauben, das Leben Ihres Kindes werde einfacher, wenn Sie ihm eine fertige Lösung für seine Probleme servieren. Es vereinfacht lediglich das Leben der Erwachsenen, denn wir wissen, dass das Anbieten einer Lösung das Konfliktpotenzial verringert.

Versuch und Irrtum sind für Ihr Kind die bessere Lernmethode. Stellt sich Ihr Kind einer Herausforderung, etwa ein Auto aus Legosteinen zu bauen oder sein Spielzeug mit einem anderen Kind zu teilen, sollten Sie daher auf keinen Fall sofort eingreifen. Solange niemand zu Schaden kommt, können Sie sich im Hintergrund halten und die Situation nur beobachten. Wenn Sie nach einer Weile bemerken, dass sich Frustration breitmacht und Ihr Kind aussieht, als könnte es Unterstützung gebrauchen, fragen Sie es, ob Sie ihm helfen sollen. Sagt es Ja, schlagen Sie ihm eine Lösung vor. Helfen Sie ihm, Vertrauen in seine Fähigkeit als Problemlöser zu gewinnen.

Geraten zwei Kinder aneinander (meistens weil beide mit demselben Spielzeug spielen wollen), beobachten Sie zunächst, was passiert. Benennen Sie dann das Problem und geben Sie den Kindern Zeit, selbst eine Lösung zu finden. Sagen Sie zum Beispiel: »Du spielst mit der Puppe, Emma. Aber Julia möchte auch mit der Puppe spielen.« Die Mädchen können ihr Problem noch nicht selbst artikulieren. Tun Sie das an ihrer Stelle, aktivieren Sie damit die höher entwickelten Gehirnregionen der Kinder. Fangen sie erneut an, sich zu streiten, wiederholen Sie Ihre Aussage, fügen Sie aber noch einen Hinweis hinzu, der den Weg zur Lösung in sich birgt. Etwa so: »… Könnt ihr abwechselnd mit der Puppe spielen, sodass jeder zufrieden ist?« Sie könnten auch selbst fragen, ob Sie mit der Puppe spielen dürfen, und dann ein Beispiel geben, wie Sie die Puppe weiterreichen.

So reden, dass andere zuhören

Helfen Sie Ihrem Kind, so sprechen zu lernen, dass andere zuhören. Sprechen Sie selbst ruhig und hören Sie aufmerksam zu. Begeben Sie sich dazu auf Augenhöhe mit Ihrem Kind. Spricht Ihr Kind, hören Sie zu, ohne es zu unterbrechen (es sei denn,

Lösungen finden

Sie müssen ihm helfen, die richtigen Worte zu finden), und wiederholen Sie, was es gesagt hat, damit es merkt, dass Sie dies gehört haben.

Wenn Ihr Kind während eines Trotzanfalls schreit und weint, sagen Sie ihm ruhig, dass Sie ihm erst zuhören und angemessen reagieren können, wenn es mit normaler Stimme spricht. Ermuntern Sie es, tief durchzuatmen und Ihnen das Problem zu erklären. Wiederholen Sie seine Aussage und helfen Sie ihm, die richtigen Worte zu finden. Durch die Art, wie Sie mit ihm kommunizieren, lernt Ihr Kind, dass eine ruhige Stimme die Zusammenarbeit fördert.

Antworten statt reagieren

Kleine Kinder sind impulsiv und denken nicht lange nach, ehe sie handeln. Manche Spiele, wie etwa Puzzles, trainieren die Fähigkeit, Lösungen durch Nachdenken und Logik zu finden. Wenn Sie merken, dass ein solches Spiel Ihr Kind überfordert, fragen Sie es, was es als Nächstes tun könnte, etwa: »Sollen wir die Teile umdrehen oder zuerst die Ecken suchen?« Benennen Sie das Problem, aber bieten Sie mögliche Lösungen an: »Ich finde es schwierig, den Himmel zusammenzusetzen. Schauen wir mal, ob wir noch andere blaue Teile finden, die uns helfen.«

Freundlich nach einem Spielzeug zu fragen hilft Streit zu vermeiden.

Mit gutem Beispiel voran

Ein Vorbild zu sein bedeutet, sich genauso zu verhalten, wie man möchte, dass es andere tun. In der Kindererziehung heißt das, dem Kind täglich vorzuleben und zu demonstrieren, wie es mit sich selbst und anderen umgehen soll.

Genau wie Sie

Kinder sind darauf programmiert, alles, was sie täglich hören und sehen, aufzunehmen und nachzuahmen. Sind Sie selbst höflich, rücksichtsvoll, gelassen und respektvoll im Umgang mit sich, Ihrem Kind und anderen Menschen, entwickelt Ihr Kleines vermutlich dieselben positiven Eigenschaften, wenn es aufwächst.

Interessanterweise haben Studien ergeben, dass nur wir Menschen unbesehen alles nachahmen, was wir von anderen Personen hören oder sehen. Schimpansenbabys zum Beispiel imitieren nur das Verhalten, das ihnen Vorteile bringt. Was negative Konsequenzen haben könnte, ignorieren sie. Menschenbabys dagegen neigen dazu, alles nachzuahmen, egal welche Folgen das für sie und andere haben könnte.

In einem Versuch wurde kleinen Kindern gezeigt, wie sie eine Kiste ganz einfach mit den Händen öffnen können. Danach zeigte ihnen ein Erwachsener mehrmals, wie man die Kiste auf unlogische und komplizierte Weise mit einem Stock öffnet. Obwohl alle Kinder gesehen hatten, wie leicht sich die Kiste mit der Hand öffnen ließ, entschieden sie sich nur aufgrund der Tatsache, dass die Aktion mit dem Stock öfter wiederholt wurde, häufiger für diese schwierigere Methode. Ihr Kind vertraut Ihnen ohne Vorbehalte und wird tun, was Sie tun – selbst wenn das völlig lächerlich oder sinnlos ist.

> **Feine Antennen**
>
> Denken Sie daran, dass Ihr Kind nicht nur Worte und Handlungen nachahmt, sondern ebenso Ihre Körpersprache, Ihre Manieren und sogar Ihren Tonfall beim Sprechen.

Ruhig und versöhnlich

Es ist nicht nur wichtig, dass Sie während eines Anfalls ruhig bleiben. Leben Sie Ihrem Kind auch täglich vor, dass es nicht akzeptabel ist, jemand anderen zu schlagen oder ihm anderweitig Schaden zuzufügen. Das heißt, Sie selbst sollten dieses Verhalten weder gegen Ihr Kind noch gegenüber anderen Personen zeigen.

> *Indem Sie selbst immer versuchen, die Ruhe zu bewahren, bieten Sie Ihrem Kind ein positives Beispiel.*

Zeigen Sie Ihrem Kind auch, wie wichtig es ist, sich zu entschuldigen. Passiert es Ihnen zum Beispiel, dass Ihnen der Geduldsfaden reißt und Sie Ihr Kind anschreien, sollten Sie sich sofort um Wiedergutmachung bemühen. Begeben Sie sich auf Augenhöhe, halten Sie sanft seine Arme fest und sagen Sie: »Es tut mir sehr leid, dass ich dich angeschrien habe. Ich bin müde und habe viel zu tun, aber das ist natürlich nicht deine Schuld. Ich hätte dich deshalb nicht anschreien dürfen.« So zeigen Sie Ihrem Kind, dass Sie Verantwortung für Ihr Handeln übernehmen. Durch Ihre Entschuldigung lernt es, dass es okay ist, wenn manchmal etwas schiefläuft, und dass durch eine Entschuldigung ein hilfreicher Dialog entstehen kann, mit dem sich die Dinge wieder geradebiegen lassen.

Sie können Ihrem Kind auch die Kunst des Vergebens vorleben. Gab es zum Beispiel Streit mit dem Partner oder auch mit Ihrem Kind und er oder es entschuldigt sich, akzeptieren Sie die Entschuldigung, ohne nachtragend zu sein.

Gute Manieren

Kinder werden nicht mit perfektem Benehmen geboren. Sie lernen es im Lauf der Zeit von den Menschen, die Zeit mit ihnen verbringen. Es lohnt sich also, die eigenen Umgangsformen kritisch unter die Lupe zu nehmen. Vielleicht können Sie hier und da selbst noch etwas verbessern.

Dazu kann es möglicherweise hilfreich sein, eine Liste mit »goldenen Regeln« zu erstellen, die alle daran erinnert, wie in Ihrer Familie miteinander umgegangen werden soll. Die Regeln gelten sowohl für das Verhalten der Erwachsenen untereinander als auch für den Umgang mit den Kindern. Die nachfolgende Liste zeigt ein paar Vorschläge für goldene Regeln (siehe auch Seite 40–43).

- Wir sagen immer »Bitte« und »Danke«.

- Wir setzen niemals körperliche Gewalt gegen Menschen oder Tiere ein.

- Wir benutzen keine Schimpfwörter.

- Wir fragen immer, bevor wir etwas nehmen, das jemand anderem gehört.

- Wir sagen immer die Wahrheit.

Ein vorbildliches Verhalten wird sich überall bemerkbar machen. Damit geben Sie nicht nur ein gutes Beispiel, sondern schaffen auch eine friedliche und entspannte Atmosphäre, in der sich alle wohlfühlen.

Trotzanfälle bei älteren Kindern

Mit vier bis fünf Jahren kann Ihr Kind seine Emotionen besser erkennen und benennen. Es versteht, dass dies ausschließlich seine Gefühle sind, die andere nicht unbedingt teilen. Es kennt das Prinzip von Ursache und Wirkung. Obwohl das enorme Fortschritte in der emotionalen Entwicklung sind, können auch ältere Kinder noch Trotzanfälle erleiden. Allerdings sind sie zugänglicher für Bewältigungsstrategien und vernünftiges Argumentieren.

Jüngerer versus älterer Trotzkopf

Trotzanfälle gleichen sich in jeder Altersstufe. Ein Fünfjähriger verliert genauso die Kontrolle über sich und seine Gefühle wie ein Zweijähriger. Deshalb sollte Ihre erste Reaktion darauf auch dieselbe sein: Liebe und Zuwendung bei einem Stressanfall, Zurückhaltung bei einem Wutanfall (siehe Seite 66–69). Der Unterschied besteht darin, wie Sie mit den Nachwirkungen umgehen, um das Auftreten weiterer Trotzanfälle zu reduzieren.

Ursache und Wirkung

Durch das wachsende Verständnis Ihres Kindes für Konsequenzen eröffnet sich Ihnen eine Vielfalt neuer Möglichkeiten, wie Sie auf sein Verhalten reagieren können. Achten Sie dabei darauf, dass die Konsequenzen immer logisch nachvollziehbar sind und Ihr Kind die Regel auch richtig verstanden hat: Wenn eine bestimmte Sache passiert, wird eine andere Sache folgen, die Sie klar definiert haben.

Ursache und Wirkung lassen sich besonders gut auf zweierlei Art demonstrieren. Im ersten Fall wird Verhalten belohnt, das nicht in einem Trotzanfall endet. Bei der zweiten Variante erlebt Ihr Kind, dass ein Trotzanfall oft negative Konsequenzen hat – etwa den Verlust bestimmter Privilegien (siehe Kasten rechts).

Mit Belohnungen arbeiten

Bei den meisten Kindern – und ganz sicher bei Vier- bis Fünfjährigen – löst das System der positiven Bestärkung den unmittelbaren Wunsch aus, alles richtig zu machen und Ihnen zu gefallen. Bei den Anlässen für eine Belohnung lassen Sie sich am besten von den Auslösern der Trotzanfälle Ihres Kindes inspirieren oder von Aktivitäten, die am häufigsten zu Streit führen (siehe Kapitel 6).

Löst also zum Beispiel das Thema Sitzen bleiben am Tisch häufig einen Trotzanfall aus, sollte es auch ein Aufhänger für eine Belohnung sein.

Belohnungssysteme wie die Stickertabelle oder eine Murmelschale erfordern Verbindlichkeit, sowohl von Ihrer Seite als auch von der Ihres Kindes. Geben Sie die Belohnung immer direkt dem Kind (nicht einfach auf den Tisch legen) und unmittelbar nach dem erwünschten Verhalten. Halten Sie Augenkontakt und erklären Sie ihm, wofür es sie bekommt, sodass Ihr Kind genau weiß, welches Verhalten es in Zukunft wiederholen soll.

> *Ihr Kind beginnt zu verstehen, dass sein Verhalten Konsequenzen hat.*

Taschengeld

Ab etwa fünf Jahren sind Kinder alt genug, um Taschengeld zu erhalten und zu verstehen, dass sie es sparen können, um sich etwas Besonderes davon zu kaufen. Wählen Sie gemeinsam etwas aus, das sich mit dem Geld von zwei bis drei Wochen kaufen lässt, etwa ein Buch oder ein Spielzeug, das Ihr Kind gerne hätte. Es ist wichtig, dass Ihr Kleines selbst aussucht, was es sich kaufen möchte, und Sie ihm nichts diktieren, sonst wird es das Interesse am Taschengeld verlieren. Geben Sie Ihrem Kind jede Woche Taschengeld für gutes Benehmen. Ebenso wäre eine kleine Summe pro Tag denkbar – vielleicht mit der Möglichkeit, sich etwas »dazuzuverdienen«, etwa durch Aufräumen der Spielsachen. Dabei sollte dieser »Zusatzverdienst« auch tatsächlich erreichbar sein.

Privilegien

Wird Ihr Kind älter, erhält es aufgrund seines Alters und seiner Fähigkeiten bestimmte Privilegien, vor allem wenn es noch jüngere Geschwister hat. Vielleicht darf es ein- oder zweimal pro Woche alleine duschen, anstatt mit dem kleinen Bruder zu baden. Oder es darf am Wochenende eine halbe Stunde länger aufbleiben. Privilegien wecken das Bewusstsein für Selbstständigkeit. Je ähnlicher sie der Erwachsenenwelt sind, desto besser.

Der Entzug von Privilegien als Strafe funktioniert nur bei älteren Kindern, deren Gehirn schon weit genug entwickelt ist, um immaterielle Konzepte zu verstehen. Ansonsten kann es passieren, dass Ihr Kind die Bedeutung der Strafe nicht erfasst, etwa wenn ihm das Vorrecht entzogen wird, in einigen Tagen am Wochenende länger aufzubleiben.

Bevor Sie ein Privileg entziehen, sprechen Sie eine deutliche Warnung aus (»Du hast noch fünf Minuten, um ...« oder »Ich bitte dich nochmals darum, dich zu entschuldigen«), sodass Ihr Kind die Chance erhält, doch noch alles richtig zu machen.

Bei manchen Kindern hilft es, ein Spielzeug wegzunehmen. Dabei darf es sich jedoch niemals um den »Trostspender« handeln. Es ist auch gut möglich, dass Ihr Kind das Spielzeug einfach vergisst, sobald es aus seinem Blickfeld verschwunden ist.

Typische Szenarien bewältigen

Eigentlich ist Ihnen der Umgang mit Trotzanfällen nun klar – Ruhe bewahren, konsequent bleiben, ein gutes Vorbild sein –, aber wie setzt man das in die Praxis um, wenn sich das Leben gegen Sie und Ihr Kind verschworen zu haben scheint? Dieses Kapitel befasst sich mit den häufigsten Szenarien bei Trotzanfällen. Dazu gehören der Anfall in der Öffentlichkeit (mit rechthaberischem Publikum), der Anfall alleine zu Hause, häufige Anfälle, wie sie manchmal in Spielgruppen oder unter Geschwistern auftreten, oder der berühmte Trotzanfall, der genau dann ausbricht, wenn Sie in Zeitnot sind. Den Abschluss bilden einige Tipps, was Sie tun können, wenn der Verlauf von Trotzanfällen ernstlich Anlass zur Sorge gibt.

Anfälle in der Öffentlichkeit

Sie sind mit Ihrem Kleinen unterwegs und plötzlich passiert irgendetwas, was damit endet, dass Ihr Kind sich schreiend am Boden wälzt, während die halbe Welt dabei zusieht. Kleine Kinder wissen nicht, was Peinlichkeit ist – Ihr Kind tut das also nicht, um Sie oder sich zu blamieren. Der öffentliche Trotzanfall ist ebenso echt wie der zu Hause und lässt sich am schnellsten beenden, wenn Sie sich genauso verhalten, wie Sie es daheim tun.

Beruhigen

Bei einem öffentlichen Anfall ist es schwierig, nicht in Panik zu geraten und übertrieben zu reagieren. Versuchen Sie ruhig und liebevoll zu bleiben. Nehmen Sie Ihr Kind in den Arm und halten Sie es fest, bis es sich wieder beruhigt hat. Dabei spielt es keine Rolle, ob Sie sich in einem Supermarkt, im Sandkasten auf dem Spielplatz oder im Wartezimmer des Kinderarztes befinden.

Mag Ihr Kind nicht festgehalten werden oder erfordert die Situation, dass schnell Ruhe einkehrt (etwa im Restaurant), nehmen Sie Ihr Kind hoch und bringen es an einen anderen Ort,

Konzentrieren Sie sich bei einem Anfall in der Öffentlichkeit nur auf Ihr Kind.

Anfälle in der Öffentlichkeit

Was zählt mehr?

Fragen Sie sich, was wichtiger ist: das Wohlbefinden Ihres Kindes oder die Meinungen der Zuschauer? Halten Sie an Ihrem Entschluss fest. Sie sind eine gute Mutter oder ein guter Vater, denn Ihre Priorität ist, Ihr Kind zu beruhigen.

Lächeln und weitermachen

Nach dem Anfall lächeln Sie in die Runde und fahren mit dem fort, was Sie vorher getan haben. Die meisten Ihrer Zuschauer sind wahrscheinlich selbst Eltern und beobachten die Situation eher teilnahmsvoll als kritisch. Außerdem haben Sie sich nichts vorzuwerfen: Sie sind ruhig geblieben – das zeigt, wie viel Sie von Erziehung verstehen.

ohne ein Wort zu verlieren. Das kann das Auto sein, eine öffentliche Toilette oder eine Bank im Stadtpark. Vielleicht finden Sie auch eine ruhige Ecke im Laden, wo es etwas gibt, das es ablenkt. Oft reicht jedoch schon der Ortswechsel, damit Ihr Kleines sich wieder beruhigt.

Den Grund anerkennen

Denken Sie daran, dass Ihr Kind Ihr Mitgefühl und Ihre Unterstützung sucht. Den Grund für den Anfall ernst zu nehmen ist demnach ein wichtiger Schritt, um ihm zu zeigen, dass Sie seine Emotionen verstehen. Das heißt jedoch nicht, dass Sie haltlosen Forderungen nachgeben sollten. Zeigen Sie ihm stattdessen, dass Sie die Kontrolle über die Situation haben und dass es bei Ihnen sicher ist: »Ich habe dich lieb. Ich weiß, du bist wütend, weil du keine Lust mehr zum Einkaufen hast. Aber wir brauchen noch etwas zum Essen. Schauen wir mal, wie schnell wir das schaffen.« Oder: »Du bist verärgert, weil du die Kekse nicht bekommen hast. Wir kaufen jetzt Zutaten und backen zu Hause selbst welche.«

Eröffnen Sie zuversichtlich und gut gelaunt einen Dialog mit Ihrem Kind, der ihm hilft, den Grund für seine negativen Gefühle zu vergessen.

Risiken minimieren

Alle kleinen Kinder haben eine Toleranzgrenze, wenn es um Tätigkeiten wie Einkaufen oder das Treffen mit anderen Müttern im Café geht. Wenn Sie merken, dass ein Anfall nicht mehr fern ist, sollten Sie Vorsorgemaßnahmen treffen.

- **Gehen Sie nur dann einkaufen,** wenn Ihr Kind satt und ausgeruht ist.

- **Beschäftigen Sie Ihr Kind** entweder mit Spielzeug oder mit einer Aufgabe, etwa einer Bilderliste von Gemüsearten, die es in den Einkaufswagen legen soll.

- **Kündigen Sie an,** was gleich passieren wird (in fröhlichem, aufgeregtem Ton), und stellen Sie eine Belohnung in Aussicht: »Wir gehen einkaufen! Wenn du mir hilfst, die Sachen auf meiner Liste zu finden, können wir danach in den Park gehen/die Hasen im Zoogeschäft streicheln/einen Kuchen aussuchen.«

Anfälle zu Hause

Der Umgang mit einem Kind, das in der Öffentlichkeit einen Trotzanfall erleidet, kann traumatisch sein. Doch auch Trotzanfälle zu Hause können viel Kraft kosten, vor allem wenn sie häufig auftreten und wenn Sie dabei meistens mit Ihrem Kind alleine sind. Sie bieten aber ebenso die Gelegenheit, die Probleme und Emotionen Ihres Kindes umfassend aufzuarbeiten.

Umfassende Reaktion

Wenn Trotzanfälle zu Hause stattfinden, ist es viel einfacher, die festgelegten Regeln und Grenzen einzuhalten und danach schnell wieder zur Tagesordnung zurückzukehren.

Vorbestimmte Bereiche

Mit Trotzanfällen kann man zu Hause leichter umgehen, wenn es eine im Voraus definierte »Ruhezone« gibt. Das kann eine Ecke im Raum mit Bodenkissen und Lieblingsbüchern sein, in die Sie sich – nicht nur bei einem Anfall – mit Ihrem Kind zurückziehen, um ein paar ruhige Minuten zu verbringen.

Verbindet Ihr Kind diesen Bereich mit positiven Erlebnissen wie liebevoller Zuwendung und

Zu Hause ist es sicher

Wenn Sie sich am Rand einer Klippe befänden und wüssten, dass es ein Sicherheitsnetz gibt, das Sie im Notfall auffängt, wären Sie sicher eher bereit, näher an den Abgrund heranzutreten. Ebenso weiß Ihr Kind (ohne es bewusst wahrzunehmen), dass zu Hause der sicherste Ort ist, um die Grenzen seiner Fähigkeiten und seines Verhaltens auszutesten. Benimmt es sich also anderswo wie ein Engel und schlägt nur daheim über die Stränge, dürften Sie das eigentlich als Kompliment betrachten. Dennoch helfen ein paar Strategien, wie Sie mit heftigen Trotzanfällen in heimischer Umgebung am besten zurechtkommen und sich Ihren eigenen Seelenfrieden bewahren.

geruhsamen Aktivitäten, beruhigt es sich vielleicht schneller, wenn Sie während eines Anfalls mit ihm dorthingehen.

Die »Auszeit« (siehe Seite 69) ist das letzte Hilfsmittel in einer Ausnahmesituation und sollte an einem Ort stattfinden, an dem Ihr Kind Sie sehen oder wenigstens hören kann. Das Kinderzimmer ist dafür eher nicht geeignet, denn wie Studien belegen, können Kinder Schlafstörungen entwickeln, wenn sie ihr eigenes Zimmer mit negativen Gedanken verbinden.

> *In der »Ruhezone« kann Ihr Kind sich entspannen und erholen.*

Spielsachen austauschen

Bei all den Spielsachen und Geschenken, die Freunde und Verwandte mitbringen, ähnelt das Kinderzimmer bei manchen Familien oft einem Spielzeugladen. Überreizung oder zu viele Auswahlmöglichkeiten können Ihr Kind jedoch überfordern. Sie sollten ihm daher nicht zu viele Spielsachen gleichzeitig anbieten, diese dafür aber öfter austauschen.

Achten Sie darauf, dass die Spielsachen altersgemäß sind und die Fähigkeiten Ihres Kindes fördern, ohne es zu überfordern. Sortieren Sie alle paar Monate das Spielzeug aus, für das es schon zu groß geworden ist.

Ruhe bewahren

Mit dem Kind alleine zu Hause zu sein kann zur Zerreißprobe für Ihre Nerven werden. Machen Sie sich keine Vorwürfe, wenn Sie nicht immer so ruhig bleiben, wie Sie es sich

Trotz im Doppelpack

Zwei Kinder, die gleichzeitig einen Trotzanfall bekommen, sind schon eine ziemliche Herausforderung. Bei Zwillingen kommt es beispielsweise vor, dass eines der Kinder einen Trotzanfall erleidet und das andere völlig ohne Anlass (vielleicht um ebenfalls Aufmerksamkeit zu erregen) »mitmacht«.

Bleiben Sie ruhig, setzen Sie sich auf den Boden und nehmen Sie jedes der Kinder fest in einen Arm. Wiegen Sie sie, bis wieder Ruhe eingekehrt ist. Falls sie nicht festgehalten werden wollen, kümmern Sie sich jeweils nur um ein Kind. Beginnen Sie mit dem, das den echten Anfall hat. Die meisten Anfälle dauern nur fünf Minuten, sodass Sie bald Zeit für das andere Kind haben.

vorgenommen haben. Haben Sie jedoch das Gefühl, dass Sie kurz davor sind, Ihr trotzendes Kind gleich anzuschreien oder sogar zu schlagen, verlassen Sie lieber kurz den Raum (wobei Ihr Kind dort natürlich sicher sein muss) und atmen Sie einige Male tief durch. Oder Sie stellen sich vor, vor einem Publikum zu stehen, und passen Ihre Reaktionen entsprechend an.

Achten Sie darauf, dass Sie auch Zeit für sich selbst haben – und wenn es nur eine halbe Stunde pro Woche ist –, in der Sie genau das tun, was Sie selbst möchten. Denn wenn Sie glücklich sind, ist auch Ihr Kleines glücklicher.

Gruppensituationen

Mit etwa vier Jahren ist das Gehirn Ihres Kleinen so weit entwickelt, dass es mit anderen Kindern gemeinsam spielen kann. Bis dahin ist jedoch das Konfliktpotenzial zwischen den Kindern enorm hoch. Sicher sind Sie gespannt, wie Ihr Kind sich innerhalb von Gruppen verhalten wird. Schrauben Sie Ihre Erwartungen nicht zu hoch und halten Sie ein paar Strategien parat, mit denen Sie die Harmonie wiederherstellen können.

Du bist dran!

Üben Sie schon zu Hause spielerisch das Abwechseln mit Ihrem Kind, etwa mit Memory- oder Brettspielen. So begreift es schneller, wie wichtig es im gemeinsamen Spiel ist, auch einmal den anderen drankommen zu lassen.

Vorbereitungen treffen

Bevor Ihr Kind in eine Gruppe geht, sollte es satt und ausgeruht sein, damit es in der bestmöglichen geistigen Verfassung ist. Nehmen Sie trotzdem ein paar gesunde Snacks als Energielieferanten und notfalls auch zur Ablenkung mit.

Überzeugen Sie Ihr Kind, dass es kostbare oder heiß geliebte Spielsachen lieber zu Hause lassen sollte. Kinder haben schnell heraus, dass das Spielzeug in der Gruppe für alle da ist. Vermutlich wird es Ihrem Kleinen nicht gefallen, sein Lieblingsauto oder sein Schmusetier in den Händen eines anderen Kindes zu sehen.

Streit schlichten

Wenn das Unvermeidliche geschieht und zwei (oder mehr) Kinder sich um ein Spielzeug streiten, sollten Sie nicht sofort eingreifen. Auch kleine Kinder verfügen über erstaunliche Fähigkeiten, Streit zu schlichten, sofern man ihnen die Zeit dazu lässt.

Sollte der Streit nach einigen Minuten zu hitzig werden, wenden Sie die Taktik von Seite 74 an. Benennen Sie die Situation und ermuntern Sie die Streithähne, darüber nachzudenken, wie sie selbst eine Lösung finden können. Der Erfolg dieser Strategie hängt vom Alter der Kinder ab: Ein- oder Zweijährige werden Probleme haben, rational zu handeln. Mit drei Jahren sind die Kinder jedoch durchaus in der Lage, ihre Differenzen auszuräumen, wenn man ihnen die Situation mit Worten schildert.

> *Erwarten Sie nicht, dass ein Dreijähriger problemlos sein Spielzeug teilt.*

Helfen Sie den Kindern mit Worten aus und benennen Sie stellvertretend für sie ihre Gefühle. Vergessen Sie dabei kein Kind aus der Gruppe: »Lukas ist wütend, weil Florian ihm das Spielzeug weggenommen hat. Aber Florian, du bist traurig, weil Lukas dich nicht drankommen lässt.«

Oder bitten Sie das Kind mit dem Spielzeug, Sie selbst an die Reihe kommen zu lassen. Versprechen Sie, dieses gleich zurückzugeben. Halten Sie die Hand auf und fordern Sie das Kind immer wieder auf, es herzugeben, statt es ihm einfach wegzunehmen. Wenn Sie es schließlich bekommen haben, halten Sie es kurz fest und geben es dann zurück. Sagen Sie dem Kind, dass es noch fünf Minuten damit spielen darf und es dann dem anderen geben muss. Lassen Sie das Spielzeug so lange zwischen Kindern und Erwachsenen hin und her wandern, bis die beiden Kämpfer bereit sind, es untereinander zu tauschen.

Geschwisterstreit

Kleine Kinder sind der Nabel ihrer eigenen Welt, ihre Bedürfnisse sind unmittelbar und eigennützig. Es fällt ihnen ungemein schwer, Räume, Eltern und Spielsachen mit anderen Kindern zu teilen, selbst wenn es die eigenen Geschwister sind.

Als Erstes sollten Sie Ihren Kindern helfen, ruhig zu bleiben. Egal wie sehr ihr Gezanke Sie nervt: Schreien Sie nicht herum und flüchten Sie nicht aus dem Raum.

Wenn Sie den Anlass des Streits nicht selbst gesehen haben, sollten Sie keine Partei ergreifen. Sagen Sie beiden Kindern, dass sie ihnen glauben, aber fair bleiben müssen, da Sie den Vorfall nicht beobachtet haben. Lassen Sie sich von den Kindern nacheinander schildern, was passiert ist. Betonen Sie, dass Sie nur zuhören können, wenn beide mit ihrer normalen Stimme sprechen. Berücksichtigen Sie dabei, dass die Gefühle der Kinder echt sind, egal was sie erzählen. Daher sollte zum Abschluss jedes der Kinder sich beim anderen dafür entschuldigen, dass es bei ihm schlechte Gefühle ausgelöst hat. Ist wieder Ruhe eingekehrt, können die Kinder weiterspielen.

Haben Sie gesehen, was passiert ist, gehen Sie genauso vor, trösten aber zuerst das »Opfer« und geben ihm auch als Erstes die Gelegenheit, sich zu äußern.

Wenn die Zeit drängt

Manchmal verläuft das Leben in rasantem Tempo. Für ein kleines Kind, das gerade anfängt, die Welt zu begreifen, kann das beängstigend sein. Impulsiv wie sie sind, möchten Kinder alles auf ihre eigene Weise und in ihrer eigenen Geschwindigkeit erledigen. Je mehr Sie versuchen, sie in einen straff geplanten Terminkalender zu zwängen, desto wahrscheinlicher sind Trotzanfälle.

Die To-do-Liste kürzen

Bleiben Sie realistisch in Ihren Erwartungen, was Sie mit einem Kleinkind am Tag schaffen können. Haben Sie einen Wochenplan, den Sie erfüllen müssen, setzen Sie pro Tag nur ein bis zwei Aufgaben an. Bestellen Sie so viel wie möglich online und lassen Sie sich das Gekaufte ins Haus liefern – das spart viel Zeit. Machen Sie ein Spiel daraus, gemeinsam die gelieferten Waren einzuräumen.

Zeit mit dem Kind
Hierbei siegt Qualität über Quantität: Ihr Kind hat mehr davon, wenn es 30 Minuten Ihre ungeteilte Aufmerksamkeit genießen darf, als wenn Sie sich eine Stunde lang nur halbherzig mit ihm beschäftigen.

Planen Sie systematisch, wie Sie die Wohnung oder das Haus sauber halten. Vielleicht könnten Sie jede Woche abwechselnd bestimmte Zimmer putzen, um mehr Zeit für andere Dinge zu haben. Oder stellen Sie eine Putzhilfe ein, die einmal im Monat alles gründlich sauber macht. Bügeln Sie nach Bedarf und machen Sie sich nichts daraus, auch einmal in leicht verknitterter Kleidung aus dem Haus zu gehen. Verbringen Sie die eingesparte Zeit lieber mit Ihrem Kind.

Wenn es hektisch wird

An manchen Tagen muss alles einfach etwas schneller gehen als sonst. Ihr Kind wird jedoch sofort registrieren, wenn Sie angespannt sind, und selbst unter Stress geraten. Das wiederum steigert die Wahrscheinlichkeit für einen Anfall.

Mit folgenden Strategien können Sie und Ihr Kind solche Tage besser meistern:
- Packen Sie viele gesunde Snacks ein, denn Hunger erhöht die Reizbarkeit.
- Lassen Sie Ihr Kind nicht zu lange im Buggy sitzen und hieven Sie es möglichst nicht zu oft in den Autositz und heraus. Sprechen Sie unterwegs mit ihm über alles, was Sie sehen. Setzen Sie kleine Highlights wie fünf Minuten die Fische im Zoogeschäft betrachten (sehr beruhigend!).
- Halten Sie die Schlafens- und Ruhezeiten Ihres Kindes ein, egal wie viel Sie selbst zu tun haben.

Mit etwas Voraussicht umgehen Sie Trotzanfälle auch an hektischen Tagen.

- Machen Sie Hausarbeit zum Spiel. Ihr Kind kann sich am Kochen für die Familie beteiligen, selbst wenn es nur die Zutaten zählt. Wollen Sie Dankeskarten schreiben, lassen Sie Ihr Kind Bilder malen, die Sie dazulegen. Die Wäsche muss zusammengelegt werden? Das Sortieren der Socken ist ein tolles Farben-Suchspiel.

Zur Arbeit gehen ...

Kinder wissen instinktiv, wie sie Versuche, sich von ihnen zu trennen, vereiteln können. Müssen Sie morgens zur Arbeit gehen, sollten Sie dafür eine klare Routine einführen, denn sie gibt Ihrem Kind Sicherheit. Auch wenn es nicht ohne Sie sein möchte, kennt es doch den Tagesverlauf und weiß daher, dass Sie zu ihm zurückkommen. Richten Sie den Ablauf so gut es geht auf Ihr Kind aus.

- **Kuscheln Sie** zehn Minuten zusammen im Bett, bevor Sie aufstehen.
- **Putzen Sie gemeinsam** die Zähne. Wer schafft es am längsten?
- **Frühstücken Sie zusammen** und sprechen Sie dabei über die aufregenden Dinge, die Ihr Kleines heute tun wird. Erinnern Sie es daran, wann Sie wiederkommen und was Sie dann gemeinsam tun wollen.
- **Winken Sie Ihrem Kind** zum Abschied mit einem fröhlichen »Bis später, mein Schatz!«.

- Planen Sie den Tag stets so, dass Zeit für Gemeinsamkeit mit Ihrem Kleinen übrig bleibt. Schenken Sie ihm dann Ihre ungeteilte Aufmerksamkeit. Qualität geht dabei vor Quantität.
- Müssen ältere Kinder in die Schule gebracht werden, beginnen Sie den Tag etwas früher, damit Ihr Kleinkind Zeit hat, sich im eigenen Tempo fertig zu machen.

Bekannte Konfliktsituationen

Ihr Kind wird jeden Tag selbstständiger und möchte seine neuen Fertigkeiten ausprobieren. Seit seiner Geburt haben Sie seine Bedürfnisse erfüllt, haben es gewickelt, gefüttert und angezogen. Jetzt entwickelt es seinen eigenen Kopf und will selbst bestimmen. Die nachfolgenden Tipps zeigen Ihnen, wie Sie Ihrem Kind im Alltag das Gefühl der Selbstständigkeit geben können, ohne dass es zu Machtkämpfen kommt.

Sich anziehen

Die einfachsten Aktionen wie das Anziehen können Konflikte auslösen, sobald Ihr Kind dabei selbst die Kontrolle übernehmen will. Am einfachsten lässt sich in dieser Situation ein Trotzanfall verhindern, wenn Sie Ihrem Kind eine beschränkte Auswahl bieten. Legen Sie ihm abends zwei Outfits (Ihrer Wahl) hin und lassen Sie es am nächsten Morgen entscheiden, welches es anziehen will. Möchte es beide kombinieren, ist das auch in Ordnung. Ist es wirklich so dramatisch, wenn das T-Shirt nicht zur Hose passt?

Will Ihr Kind sich selbst anziehen, versuchen Sie zehn Minuten früher aufzustehen, damit es

> ### Nur eine Phase
> Will Ihr Kind nur T-Shirts in einer bestimmten Farbe tragen oder müssen Nudeln und Sauce auf seinem Teller immer getrennt sein, geben Sie dem nach. Solche Phasen gehen vorüber.

das ohne Zeitdruck tun kann. Bleiben Sie in der Nähe und leiten Sie es mit Worten an: »Jetzt die Hose. Setz dich auf den Boden und stecke nacheinander die Beine hinein.« Verheddert es sich, bieten Sie zuerst Ihre Hilfe an, bevor Sie eingreifen. Und loben Sie es überschwänglich, wenn es ein Kleidungsstück ganz allein angezogen hat.

Das Haus verlassen

Kleine Kinder scheinen ein Gespür dafür zu haben, sich genau dann ins Spiel zu vertiefen, wenn Sie aus dem Haus müssen. Kündigen Sie den Aufbruch mehrmals an, am besten im Abstand von zehn, dann fünf, dann zwei Minuten, denn in diesem Alter haben Kinder ein kurzes Gedächtnis. Helfen Sie ihm, seine Spielsachen wegzuräumen, und verlassen Sie dann ohne viel Aufhebens das Haus. Protestiert Ihr Kind, umarmen Sie es und trösten

es mit Worten wie: »Ich weiß, du bist traurig, weil du nicht weiterspielen kannst. Aber wir kommen bald wieder zurück.« Achten Sie auch selbst auf die Zeit. Im Gespräch mit der Freundin können aus fünf Minuten schnell zwanzig werden. Ihr Kind muss sich darauf verlassen können, dass Sie meinen, was Sie sagen. Deshalb sollten Ihre Zeitansagen immer stimmen.

Familienmahlzeiten

Erwiesenermaßen werden aus Kindern, die fröhliche, entspannte Mahlzeiten genießen durften, später aufgeschlossenere Esser. Eltern sind von Natur aus darauf programmiert, ihr Kind zu ernähren. Das macht sie oft etwas übereifrig, wenn es ums Essen geht. Betrachten Sie die Nahrungsmenge Ihres Kindes lieber auf wöchentlicher statt auf täglicher Basis. Isst es an einem Tag weniger, wird es am nächsten Tag wahrscheinlich hungriger sein und mehr essen.

> *Mahlzeiten sollten nicht zum Streitthema werden. Ihr Kind isst, wenn es hungrig ist.*

Lassen Sie Ihr Kind auch außerhalb der Mahlzeiten entspannt mit Essen umgehen. Basteln Sie eine Kette aus rohen Nudeln oder eine Rassel, die mit Linsen gefüllt ist. Beziehen Sie Ihr Kind beim Kochen mit ein. Es wird liebend gern den Teig ausrollen und mit klebrigen Fingern Kekse ausstechen.

Nehmen Sie möglichst oft die Mahlzeiten gemeinsam ein, ohne sie unnötig auszudehnen. Soll Ihr Kind am Tisch sitzen, bis alle fertig sind, beschäftigen Sie es mit Spielzeug. Und vergessen Sie nicht, es für seine Bemühungen zu loben.

Auswärts essen

Ein ausgedehntes Essen im Restaurant ist bei quirligen Kleinkindern nicht gerade beliebt. Muss Ihr Kind dennoch eine Zeit lang still sitzen, sollten Sie immer Bücher, ein Puzzle oder ein paar Bausteine in der Tasche haben.

Lassen Sie sein Essen zusammen mit Ihrer Vorspeise servieren. Halten Sie für danach noch etwas Gesundes zum Naschen bereit. Überlegen Sie sich bei einer Einladung zum Essen schon vorher, wie lange es dauern wird. Bleiben Sie dabei realistisch: Ist die Veranstaltung wirklich für ein kleines Kind geeignet? Falls nicht, sollten Sie die Einladung vielleicht besser ablehnen?

Zu Bett gehen

Den Kampf ums Schlafengehen können Eltern gegen kleine Dickköpfe nur gewinnen, indem sie ruhig und konsequent bleiben. Falls Ihr Kind ins Bett zurückgebracht werden muss, gestalten Sie dies extrem langweilig und unspektakulär.

Halten Sie sich an feste Schlafenszeiten und an das Bettgehritual. Ruft Ihr Kind nach Ihnen, gehen Sie zu ihm zurück und trösten es. Verlassen Sie dann das Zimmer. Wiederholen Sie diese Schritte, bis es sich beruhigt hat. Klettert es aus dem Bett heraus, nehmen Sie es bei der Hand oder tragen es zurück, sagen Sie ihm freundlich gute Nacht und gehen Sie dann aus dem Raum. Wiederholen Sie auch diesen Vorgang möglichst ruhig und so oft wie nötig.

Grund zur Besorgnis?

Trotzanfälle sind normalerweise ein Zeichen für die gesunde Entwicklung Ihres Kindes. Haben sie jedoch keinen erkennbaren Auslöser (wie Hunger, Frust, Überreizung, Langeweile etc.), können sie Anlass zur Sorge sein. Um festzustellen, ob die Trotzanfälle Ihres Kindes »normal« sind oder nicht, müssen Sie sein Alter, seine Persönlichkeit, die Dauer der Anfälle und sein Verhalten während eines Anfalls berücksichtigen.

Empathie fördern

Neigt Ihr Kind während eines Anfalls zu Aggressionen, geben Sie ihm etwas, um das es sich kümmern kann. Das kann ein Haustier sein oder eine selbst gezogene Pflanze. So fördern Sie sein Einfühlungsvermögen.

Die Häufigkeit der Anfälle

Je jünger das Kind ist, desto häufiger können Trotzanfälle auftreten, aber mit etwa vier Jahren sollten sie sich auf höchstens ein- bis zweimal pro Woche beschränken. Die Häufigkeit nimmt ab, wenn Ihr Kind anfängt, rational zu denken (siehe Seite 11).

Ist Ihr Kind über vier Jahre alt und hat noch vier oder mehr Anfälle pro Tag, schauen Sie sich seine Umgebung und seine Vorbilder genauer an. Erhält es während eines Anfalls auch genug Zuwendung? Oder könnten Sie vielleicht durch eine Veränderung Ihres eigenen Verhaltens erreichen, dass es mit seinen Emotionen besser zurechtkommt?

Die Persönlichkeit Ihres Kindes

Trotzanfälle sind das Ergebnis einer emotionalen Überlastung, mit der manche Menschen besser umgehen können als andere. Denken Sie über Ihre eigene Persönlichkeit nach und über die Ihres Partners. Wenn Sie sehr empfindsam sind, sich schnell gestresst fühlen oder zu Stimmungsschwankungen neigen, hat Ihr Kind das vielleicht von Ihnen geerbt.

Haben Sie jedoch keine Vorstellung, warum Ihr Kind in emotionalen Situationen so heftig reagiert, und ist es schon älter als fünf Jahre, sollten Sie Häufigkeit, Dauer und Eigenschaften seiner Anfälle betrachten, um festzustellen, ob es vielleicht mit seinen Gefühlen nicht so gut umgehen kann, wie es eigentlich sollte.

Die Dauer eines Anfalls

Bei Kindern unter vier Jahren dauert ein Trotzanfall in der Regel fünf bis zehn Minuten, bei älteren Kindern manchmal etwas länger, weil sie sich nicht mehr so leicht ablenken lassen. Gehen Sie richtig damit um, sind die Anfälle normalerweise relativ schnell wieder vorbei.

Halten die Trotzanfälle eines Kindes unter vier Jahren jedoch häufig länger als zehn Minuten an (bei Kindern über vier Jahren etwa zwanzig Minuten), überprüfen Sie zunächst Ihre eigenen

Grund zur Besorgnis?

Reaktionen. Liebe und Zuwendung können die Dauer eines Stressanfalls verkürzen, unbeteiligte Distanz (aber trotzdem in der Nähe bleiben!) die Dauer eines Wutanfalls. Verhandlungen sind bei beiden Arten von Anfällen völlig sinnlos, sie verschlimmern die Sache oft noch.

Haben Sie das Gefühl, alles richtig zu machen, aber die Anfälle Ihres Kindes dauern dennoch zu lange, beobachten Sie, wie sich Ihr Kind während eines Anfalls verhält.

Ziehen Sie einen Arzt zurate, wenn Sie weiterhin Bedenken haben.

Das Verhalten Ihres Kindes

Schreien, Weinen und Toben sind bei einem Wutanfall typisch. Dennoch gibt es einen Unterschied zwischen Wut und Aggression. Wut ist ein kurzlebiges Gefühl, typischerweise die spontane Reaktion auf irgendeinen Auslöser. Aggression ist dagegen weniger spezifisch. Sie sitzt tief und tritt spontan auf, oft ohne erkennbaren Grund. Auch wenn Ihr Kind sich oft selbst verletzt (sich zum Beispiel kratzt oder mit dem Kopf gegen etwas schlägt) oder auf andere Personen einschlägt, sollten Sie achtsam sein. Ein solches Verhalten ist weder für einen Stress- noch für einen Wutanfall typisch und könnte – je nach Häufigkeit und Dauer dieser Anfälle – Anlass zu einer genaueren Prüfung geben.

Achten Sie zu guter Letzt auch darauf, ob sich Ihr Kind außerhalb eines Trotzanfalls sehr zurückgezogen, wenig kommunikativ und scheu verhält.

Das Gesamtbild betrachten

Ein Kind, das zwei- oder dreimal täglich einen Trotzanfall erleidet, der jedoch nur wenige Minuten dauert, gibt weniger Grund zur Besorgnis als eines mit selteneren Anfällen, die jedoch dreißig Minuten dauern und mit Aggressionen verbunden sind. Berücksichtigen Sie das Gesamtbild (inklusive Ihrer eigenen Reaktionen), bevor Sie Schlüsse ziehen. Wenn Sie sich Sorgen machen, wenden Sie sich an den Kinderarzt. Er überweist Ihr Kind vielleicht an einen Kindertherapeuten. Ungewöhnliche Anfälle können ein Hinweis auf Hyperaktivität sein. Dann braucht Ihr Kind mehr Hilfe, um seine Energie zu kanalisieren. In seltenen Fällen können exzessive Anfälle oder der Hang, sich dabei selbst zu verletzen, ein frühes Signal für eine Depression sein. Ein Therapeut wird Ihnen zeigen, wie Sie auf positive Weise mit den Emotionen Ihres Kindes umgehen können.

Register

Kursive Seitenzahlen verweisen auf Texte in Kästen.

A

Ablenkung
  Techniken *31, 32,* 64–65
  um Streit zu vermeiden 17
Abwechseln, sich
  siehe Teilen
Adrenalin 31–32
Aggression 29, 93
Alleinerziehende 56–57
Angeboren oder erlernt? 54–55
Angst
  als Trotzursache 31–32
  der Eltern 15
  vor Trennung 15
Anzeichen
  eines Trotzanfalls *32, 35*
Anziehen, Konflikte beim 90
Aufmerksamkeit schenken 39
Aufmerksamkeitsspanne 63
Auszeit *69,* 85
Autonomie gewähren *16,* 35

B

Ballspiel 47
Belohnungssystem *62,* 78–79, 83
Benehmen *siehe* Manieren
Benennen von Gefühlen 72
Berufstätigkeit 56–57, *89*
Bettgehzeit
  Kampf 28, 91
  Ritual 44–45
  Schlafstörungen 85
Beziehung
  zu den Eltern 59
  zu Geschwistern 53
Bindung Familie 52–53
Bücher 47

D

Denkfähigkeit, Entwicklung, Meilensteine 18–21

E

Einkaufen *83,* 88
Emotionale Entwicklung
  bei Kleinkindern 12–13, 48–49
  durch Zuwendung 38–39
  in den ersten Wochen 10–11
  Meilensteine 18–21
  Unsicherheit 35
Erziehung
  bei Streit 58–59
  bei Trotzanfällen 66–69
  responsive 39
  Routine 56–57

F

Familiendynamik 52–53
  siehe auch Geschwister
Fantasie 24–25, 28–29, 35
Freundschaft, Entstehen von 16, 40
Frustration
  als Auslöser für Trotzanfälle *32*
  bei Babys 11
  helfen bei 74

G

Gehirnentwicklung 6
  Anregung durch Zuwendung 38
  emotionale Umgebung 48
  Gehirnregionen *11*
  Kleinkind 16, 34
  limbisches System *70*
  präfrontaler Kortex 30
  Reaktion auf die Eltern 11
Gemeinsame Front, Eltern 52–53
Gene, Persönlichkeit und Entwicklung 54
Geschiedene Eltern 57
Geschlechtsspezifische Auslöser für Trotzanfälle 55
Geschwister
  Persönlichkeiten 53
  Zank 87
Gesichter zu Gefühlen malen 73
Grenzen setzen 17, 26–27, 35, 39–43, 57, *71, 77*

H

Hausarbeit 88, 89
Hierarchie in der Familie 52–53
Hormone, Wohlfühl- *13*
Humor
  als Ablenkungsmanöver 64–65
  Sinn für Humor entwickeln *25*
Hygieneregeln 41

K

Kinderarzt 35, 93
Klammern 29, 40
Kommunikation
  Meilensteine der Entwicklung 18–21
  über Regeln 43
  während eines Trotzanfalls 75
Konfliktsituationen als Auslöser für Trotzanfälle 90–91
Konsequenz 41, *43*
Kontakt mit dem Kind während eines Anfalls *68*
Körperliche Entwicklung 14–15, 28

durch Aktivitäten 47
Meilensteine 18–21
Kreativität 28–29, 47

L

Lächeln 11
Lernfähigkeit, Entwicklung, Meilensteine 18–21
Licht dämpfen 45
Liebe zeigen 38–39
Lob 35, *43,* 62–63

M

Machtkämpfe 33
Mahlzeiten
  Belohnungssystem 79
  Essensverweigerung 26
  im Restaurant *91*
  Lob nach dem Essen 62, 91
  regelmäßige 44
  übereifrige Eltern *91*
Manieren 77
Meilensteine der Entwicklung 18–21
Mimik als Ausdruck von Gefühlen 72–73
Motorische Entwicklung 47
Müdigkeit als Auslöser für Trotzanfälle *32*

N

Nachahmen der Eltern 12–13, 48–49, 76–77
»Nein« sagen *31,* 33
Nickerchen *44,* 89

O

Öffentliche Trotzanfälle 82–83

P

Persönlichkeitsentwicklung 52–53, 54–55, 92
Privilegien 79

Register

Probleme lösen
  durch Belohnung 62–63
  durch Spielen 46–47, 74

R

Rat für Eltern 59
Reaktion auf die Gefühle des Babys 11, 12–13
Regeln *siehe* Grenzen setzen
Respekt, gegenseitiger 59
Restaurant, Essen im 91
Routine
  abendliche 44–45
  Änderungen als Auslöser für Trotzanfälle 32
  Mahlzeiten 44
  schaffen 44–45
  tagsüber 46–47
Ruhezeit 31, 44

S

Schlagen *siehe* Aggression
Schreien 66–67
Selbstständigkeit 26
Selbstwertgefühl 62
Sicherheit, Verständnis für 48, 56–57
Sicherheit, Regeln 41
Snacks
  in Gruppensituationen 86
  Regeln 44
  zum Verhindern von Trotzanfällen 31, 32, 45, 89
Soziale Entwicklung
  Meilensteine 18–21
  Unsicherheit 35
Spiele
  bei der Hausarbeit 89
  bei Trennungsangst 15
  für die Fantasie 24–25
  für kleine Entdecker 24
  für Verstand und Logik 75

zum Erkennen von Gefühlen 72, 73
zum Erlernen von Humor 25
zum Lösen von Problemen 46–47
siehe auch Spielen, Spielzeug
Spielen
  als Ablenkungsmanöver 65
  Energiephasen 46
  gemeinsam 27, 47
  im Freien 28
  körperliches 47
  kreatives 47
  Probleme lösen durch 46
  siehe auch Spiele, Spielzeug
Spielzeug
  als Privileg 79
  austauschen 85
  Besitzansprüche 26, 27
  Entwicklung fördern durch 18–21
  in Spielgruppen 86–87
  teilen 62, 74
  zur Ablenkung beim Essen 91, 91
  siehe auch Spiele; Spielen
Sprachentwicklung 12, 18–21, 30
  beim Benennen von Gefühlen helfen 34
Sprechen
  über Gefühle 34, 72–73
  während eines Trotzanfalls 71, 75
Streit
  schlichten, zwischen Geschwistern 87
  zwischen Eltern 58–59
Stress 58–59, 66
  hektische Tage 88–89
Stressanfall 32–33, 67–68

T

Taschengeld 79
Teilen 26, 27, 62, 74, 86–87
Trennungsangst 15
Trotzanfälle
  Ablenkungsmanöver 64–65
  Arten 32–33
  auf Anzeichen reagieren 32, 66–69, 92–93
  Auslöser 30, 34–35, 83, 90–91
  bei älteren Kindern 78–79
  bei Zwillingen 85
  daheim 84–85
  Dauer 92–93
  geschlechtsspezifische Auslöser 55
  Häufigkeit 92
  in der Öffentlichkeit 82–83
  in Gruppensituationen 86–87
  in hektischen Zeiten 88–89
  rechtzeitig abwenden 65
  Ruhe bewahren bei 77, 82–83, 84–85
  Ruhezonen daheim 84–85
  und individuelle Persönlichkeit 54
  Verhalten bei 62–79
  verringern 31
  Wann professionelle Hilfe suchen? 35, 92–93
  Was ist ein Trotzanfall? 30–33, 66
  Zuschauer, Reaktionen 83

U

Um sich schlagen 29
Unartigkeit, Begriff erlernen 41

Unsicherheit 35
Unterbrechen, ständiges 27, 29
Ursache und Wirkung verstehen 42, 78

V

Verantwortung für Handlungen übernehmen, Eltern 77
Vergeben 77
Verhalten
  Folgen von 78–79
  schlechtes 63
  verschiedene Arten 93
  Vorbild 76–77, 85
Verhandeln mit einem Kleinkind 63, 70–71
Verletzen, sich selbst 93
Verweigerung 14, 27
Vorlesen 47

W

Wahlmöglichkeiten bieten 28, 31, 90
Wertschätzung 38
Wissbegierde 24
Wohlfühlhormone 13
Wut 93
Wutanfall 32–33, 68–69, 93

Z

Zeit fürs Kind, Qualität 57, 88
Zufriedenheit 11
Zuhören, dem Kind 74–75
Zuwendung *siehe* Aufmerksamkeit schenken
Zwillinge, Trotzanfall 85

Dank

Dank der Autorin

Der meiste Dank gilt wie immer Anna Davidson und Claire Cross von DK für ihr Vertrauen, ihre Geduld und ihren Rat, aber auch Simon, Eliza and Martha – ich bin sehr stolz auf euch. Ebenso danke ich Bilbo.

Dank des Verlags

DK dankt Claire Wedderburn-Maxwell für das Lektorat und Michèle Clarke für das Register.

Bildnachweis

S. 80 Rolf Bruderer/Blend Images © Getty Images

Cover

Vorn: Getty Images/Philippe Regard

Alle anderen Fotos © Dorling Kindersley.
Weitere Informationen unter www.dkimages.com

Adressen

www.eltern.de
Internetauftritt der Zeitschrift ELTERN mit Informationen zu allen Fragen rund um das Kind.

www.familien-wegweiser.de
Website des Bundesministeriums für Familie, Senioren, Frauen und Jugend.

www.kinder.de
Familienportal mit Themen, Ratgeber und Community zu allen Fragen der Kindererziehung.

www.eltern-wissen.com
Eltern-Ratgeber rund um Erziehung, Gesundheit und Familienleben.

www.gesundheit.de
Informationen und Tipps zur Bewältigung der Trotzphase.

www.netmoms.de
Mütter helfen Müttern in allen Fragen der Kindererziehung.

www.trotzalter.de
Website für alle Eltern mit Kindern im Kindergarten- und Vorschulalter.

www.bke-beratung.de
Kostenlose virtuelle Beratungsstelle der Bundeskonferenz für Erziehungsberatung e.V.

www.kinderaerzte-im-netz.de
Berufsverband der Kinder- und Jugendärzte e.V. Gesundheitsplattform für die ganze Familie.

www.elterntelefon.de
Kostenlose Telefonberatung der Arbeitsgemeinschaft Kinder- und Jugendtelefon e.V. im Deutschen Kinderschutzbund.

www.baby.at
Informationen zum Leben mit einem Kleinkind in der Trotzphase.

www.familienleben.ch
Umfassende Plattform für Familien und ihre Bedürfnisse.

www.swissmom.ch
Website rund um die Themen Baby und Kind, mit Kursangeboten und Diskussionsforen.